Dänischer Wohld

Dänischer Wohld

Wohl die schönste Freitreppe der Landschaft: Herrenhaus Hohenlieth

Werner Scharnweber

Dänischer Wohld

Reisebilder

Mit 196 Abbildungen

Edition Temmen

Die Deutsche Bibliothek - CIP-Einheitsaufnahme
Scharnweber, Werner:
Dänischer Wohld : Reisebilder / Werner Scharnweber. -
1. Aufl. - Bremen : Ed. Temmen, 1998
ISBN 3-86108-462-7

Titelbild und Rückseite:
Werner Scharnweber

Bildnachweis:
Seite 39, 54 und 63:
Historische Sammlung W. Scharnweber
Seite 40:
Zeichnung von Sylvia Meisner-Zimmermann
Seite 147:
Gemeinde Altenholz

Alle übrigen Fotos:
Werner Scharnweber

1. Auflage 1998

Hohenlohestr. 21 - 28209 Bremen
Tel. 0421-34843-0 - Fax 0421-348094

Herstellung: Edition Temmen

ISBN 3-86108-462-7

Inhaltsverzeichnis

Reisebilder Dänischer Wohld

Die Lage, die Grenzen

Die schleswig-holsteinische Landschaft Dänischer Wohld – zumeist als Halbinsel bezeichnet – liegt zwischen Eckernförde und Kiel, genauer: zwischen Eckernförder Bucht und Kieler Förde. Südlich bildet heute der Nord-Ostsee-Kanal die Grenze.

Schwieriger ist es, die landfeste Grenze im Westen zu bestimmen. Zöge man – wegen der eindeutigen Form einer Halbinsel – eine gerade Linie zwischen den Endpunkten der Eckernförder Bucht und der Kieler Förde, wäre der Verlauf der Bundesstraße 76 in etwa als Westgrenze anzusehen. Dem ständen historisch-topographische Zuordnungen entgegen. So rechnet Henning Oldekop in seiner 1906 bei Lipsius & Tischer in Kiel erschienenen »Topographie des Herzogtums Schleswig« das Gut Lindau eindeutig zum Dänischen Wohld gehörend. Und Lindau liegt mehrere Kilometer westlich der B 76. Johannes von Schröder hat in der 2. Ausgabe seiner »Topographie des Herzogthums Schleswig« im Jahre 1854 sogar die Güter Schirnau und Sehestedt dem Dänischen Wohl zugeordnet und damit die Landgrenze noch deutlich weiter westlich angenommen.

Der Kreisausschuß des Kreises Eckernförde, der für den Textteil der Landkarte »Wandern und Erholen im Kreis Rendburg-Eckernförde« verantwortlich zeichnet, gibt um 1993 folgende Grenzen an: »Dänischer Wohld (...), ein Gebiet, das sich zwischen Eckernförder Bucht und Nord-Ostsee-Kanal hinzieht und von der Kieler Förde bis zum Wittensee reicht.«

Auch das Geographische Institut der Christian-Albrechts-Universität zu Kiel ist – im Jahre

1997 - der Auffassung, der Dänische Wohld reiche im Westen bis an den Wittensee.

Allerdings belehrt ein Blick auf die Landkarte, daß der Wittensee (präzise: sein Ostufer) als vollständige Westgrenzenangabe allein nicht ausreicht.

In diesem Buch gilt - von Nord nach Süd - die Linie Altenhof - Holtsee - Sehestedt als westliche Begrenzung des Dänischen Wohldes.

Die Ostsee.
Grenze des Dänischen Wohldes nach drei Seiten

Viel Platz

Einige andere schleswig-holsteinische Landschaften und Regionen sind weitaus bekannter, sollen angeblich (noch) schöner sein: die Holsteinische Schweiz, die Hüttener Berge, die Lübekker Bäderküste, der Aukrug, Amrum, Föhr und - last but not least - selbstredend Sylt.

Der Dänische Wohld gibt sich bescheidener, auch in Sachen Selbstdarstellung und Imagepflege.

Das hat seinen Vorteil: Die Gegend ist touristisch nicht überlaufen. Gewiß, im Sommer herrscht auch an diesen Küsten munteres Strand- und Badeleben. Ferienquartiere - vom Campingplatz bis zum gehobenen Hotel - sind vorhanden. Aber alles bleibt doch eher im - sozusagen - familiären Bereich. Strande ist nicht Westerland, Surendorf nicht Travemünde.

Gleich hinter der Küste, im Land, ist selbst zur Sommerferienzeit ganz viel Platz für ruhesuchende Wanderer, Spaziergänger, Wildblumen- und Vogelfreunde, für Leute, die plätschernde Bäche mögen und weite Korn- und Rapsfelder, Wiesen, kleine Wälder, herrliche alte Eichen, Knicks, einen hohen Himmel und jede Menge gute, frische Luft.

Landschaften zum Wandern

Landschaften zum Verlieben

Hohe Buchen auf der Steilküste

Proviant mitnehmen

»Der dänische Wohld, die Halbinsel zwischen Kieler und Eckernförder Bucht, ist zum größten Teile ein Bezirk kleiner adliger Güter, deren hier über zwanzig vorhanden sind. Dies verleiht der Landschaft das bekannte charakteristische Gepräge: Man sieht große Hofkoppeln, auf denen vorzugsweise Korn (namentlich Weizen, dann Roggen, Gerste und Hafer) gebaut wird; man erblickt große Guts- und Meierhöfe, bei denen die Katen der Hofarbeiter liegen. – Wirtschaften, in denen der Wanderer rasten oder ein Unterkommen für die Nacht finden könnte, trifft man nur selten an. – Die Bauart der Häuser ist namentlich in den Bauerndörfern, von den neuesten Gebäuden natürlich abgesehen, ganz die sächsische. Das Innere der Halbinsel ist, wennschon ganz hübsch, so doch durchaus nicht landschaftlich hervorragend; am Meeresufer aber bieten sich Partien von besonderer Schönheit; das hohe bewaldete Ufer an der Nordspitze wird von keiner anderen Stelle der schleswig-holsteinischen Ostseeküste an Großartigkeit übertroffen. – Auffällig ist der Reichtum an bedeutenden und guterhaltenen Steingräbern und Grabhügeln aus der Vorzeit (auf unserer Karte sind 27 verzeichnet). – Die Landschaft wird hauptsächlich für solche Wanderer anziehend sein, die gern in wenig belebter Gegend und am einsamen Meeresstrande weilen und einen tüchtigen Marsch nicht scheuen. – Man muß, ehe man zu den schönsten Punkten gelangt, eine tüchtige Strecke zu Fuß zurücklegen und tut deshalb gut, soweit wie möglich die Bahn (Kiel-Eckernförde) oder den Dampfer (Kiel-Friedrichsort resp. Strande) zu benutzen. Da Verpflegung auf einigen Strecken nur schwer zu erlangen ist, so ist es geboten, Proviant (auch Getränke) mitzuführen.«

(Aus: »Schleswig-Holsteinisches Wanderbuch« von Ernst Strohmeyer. Zweite Auflage. Verlag von C. Boysen, Hamburg. 1910)

Weite Ostseestrände

Schöne Landschaft - auch im Winter

Vom Isarnho zum Dänischen Wohld

Woher stammt eigentlich der Name »Dänischer Wohld«? Seit wann gibt es diese Bezeichnung? Und warum?

Angefragt beim Geographischen Institut der Christian-Albrechts-Universität zu Kiel. Professor Dr. H. Achenbach anwortete so:

»Der Name bedeutet natürlich Dänischer Wald und bezieht sich auf das Gebiet zwischen Kieler Förde, Wittensee und Eckernförder Bucht. Dieses Gebiet war zum Zeitpunkt der mittelalterlichen Landeskolonisation dicht bewaldet und von Jüten besiedelt, allerdings nicht zusammenhängend, sondern nur peripher und in Form von Rodungsinseln. Vom ursprünglichen Namensgut existieren nur sehr wenige Relikte.

Älter als die Bezeichnung »Dänischer Wohld« sind die Namen Isarnho bzw. Jarnwith, womit in beiden Fällen - einmal altsächsisch, einmal dänisch - ein sog. eiserner (d. h. dichter oder undurchdringlicher) Wald gemeint ist. Adam v. Bremen berichtet im 11. Jh. von diesem Wald und ebenso 100 Jahre später Helmold von Bosau. Im Erdbuch Waldemars II. von 1231 wird dieser Wald, der Krongut des dänischen Königs war, explizit als Jarnwith genannt.

In einer Urkunde von 1307 taucht erstmals die Bezeichnung »Danica silva« (Dänischer Wald) auf, der dann um 1325 die älteste deutsche Übersetzung mit »Denschewolt« folgt. Es kann kein Zweifel bestehen, daß das Gebiet vor der Kolonisation weitestgehend Ödmark und Urwald gewesen ist. Es war Grenzwald zwischen Dänen, Holsten und wagrischen Wenden. Von den deutschen Kolonisten dürfte bei der Erschließung der neue Name geprägt worden sein.

Der Dänische Wohld ist geschlossenes Gutsland mit wenigen bäuerlichen Enklaven. Die Expansion der Gutswirtschaft und das frühere Vordringen von Siedlerschichten aus Altsiedlungsgebieten hat ältere Kulturspuren und jütisches Namensgut ausgelöscht.«

Vielen Dank, Herr Professor.

Überreste des Isarnho?

Von Senken und Kuppen, Jungmoränen und Findlingen

100 000 Jahre sind, erdgeschichtlich betrachtet, keine besondere Sache. Immerhin, so lange dauerte etwa die letzte Eiszeit, von ca. 120 000 bis 20 000 v. Chr. Sie und ihre beiden noch viel älteren Vorgängerinnen haben auch die Gestalt des Dänischen Wohldes geformt. Von Skandinavien transportierten die Eiszeiten mit der unvorstellbaren Wucht und dem enormen Druck ihrer Gletschermassen auch riesige Mengen Verwitterungsschutt der dortigen Gebirge heran. Der wurde abgelagert, aufgestaut, durch Schmelzwasser nach Dichte und Schwere sortiert, wieder und wieder umgeformt. In hunderttausend Jahren waren die Gletscher mal stärker, mal schwächer, zogen sich zurück, stießen wieder vor. Alles ganz, ganz langsam - die Natur hat Zeit. Aber mit ungeheuren Kräften.

Die Kuppen und Hügel, die Senken und Täler, die Wellen im Land, auch die kleinen Ebenen sind damals entstanden. Die Förden - Ekkernförder Bucht und Kieler Förde - ebenfalls. Der Dänische Wohld, so formulieren es Geologen, ist eine typische Jungmoränenlandschaft des Diluviums.

Dort, wo Jungmoränen am höchsten sind, gewähren sie noch heute prächtige Aussichten über´s Land. Auch wenn die hiesigen »Berge«

Findling mit Schürf- und Verwitterungsspuren

beispielsweise nur bescheidene 55 Meter (bei Gut Birkenmoor), 53 Meter (Sprengerhof) oder 32 Meter (am östlichen Ausgang des »Knooper Holzes«) erreichen.

Die vielen Steine im Land und an der Küste, von faustgroß bis untransportabel, sind natürlich auch Hinterlassenschaften der eiszeitlichen Geländetransporte aus skandinavischen Gebieten. Findlinge werden sie genannt, jedenfalls dann, wenn sie größer und schwerer sind, als daß ein kräftiger Mann sie heben könnte. Nur blinkende Vorzeige-Binnenseen als eiszeitliche Hinterlassenschaften sind im Dänischen Wohld ziemlich Mangelware. Entschuldbar. Man hat ja die Ostsee mit prächtigen Küsten und Stränden.

Sanfte Kuppe im weiten Land

Alte Zeit - neue Zeit

Nein, »richtige« Dörfer, so, wie sie in altdeutschen Lesebüchern beschrieben sind - mit einer Anzahl reetgedeckter Bauerngehöfte einschließlich Dunghaufen vor der Stalltür, mit ein paar Katen für Tagelöhner und Landarbeiter, einer Schmiede, einem winzigen Tante-Emma-Kaufmannsladen, einer Schankwirtschaft und sonst gar nichts - die gibt es auch hier nicht mehr.

Die Dörfer haben sich völlig verändert, bestehen überwiegend aus schmucken Ein- und Zweifamilienhäusern, zwischen die mancherorts auch mehrstöckige und langgestreckte Wohnhäuser plaziert wurden. Manchem nicht neu errichteten, sondern umgebauten Häuschen sieht man die Herkunft, etwa als ehemalige Gutskate, noch an.

Mit anderen Worten: Bäuerliche Lesebuchromantik im Stile von anno einst ist Vergangenheit. Aufgeräumte kleine Ortschaften im Stil von heute - das ist die Gegenwart.

Typisch allerdings sind für den Dänischen Wohld noch immer die oft aus wenigen »Stellen« bestehenden kleinen Siedlungseinheiten außerhalb der geschlossenen Ortschaften. Sie stammen - mit Ausnahme einiger neuzeitlicher, einzelstehender Aussiedlerhöfe - immer aus früherer Zeit. Auch wenn statt alter Bauernhäuser und Katen dort jetzt vielfach Neu- oder Umbauten stehen. Diese kleinen Häusergruppen passen sich dem Landschaftsprofil besonders gut an, bilden mit ihrer Umgebung eine harmonische Einheit.

Bauerngehöfte sind auch noch vorhanden. Aber sie sind deutlich in der Minderzahl und zumeist, den heutigen Anforderungen der Landwirtschaft und Wohnverhältnissen entsprechend, modernisiert.

Hübsches Brotkorbfenster in der Backsteinwand

Trotzdem: Wer aufmerksam durch den Kern der (ehemaligen) Dörfer wandert oder sich die kleinen Häusergruppen und Einzelgehöfte in der Landschaft näher anschaut, wird auch noch manches Teil aus älterer Zeit mit einer anderen bäuerlichen Kultur entdecken. Zum Beispiel gußeiserne »Brotkorbfenster« im Wirtschaftsteil eines Bauerngehöftes, ein großflächiges Reetdach auf alter Bausubstanz, eine schöne Großtür und hölzerne Stall-Luken in der Backsteinwand.

Schöne Fachwerkscheune auf Gut Sehestedt

Gutsherren und Tagelöhner

»In der dünn bevölkerten Halbinsel Dänisch-Wohld (=dänischer Wald) nehmen die adeligen Güter einen breiten Raum ein. Sie geben der Landschaft das Gepräge. Ihnen gegenüber verschwinden fast die kleinen, meist nur von Tagelöhnern und andern Gutsangehörigen bewohnten Dörfer.«

(Aus: »Die Provinz Schleswig-Holstein« von Johannes Schmarje, 2. Auflage. 1904)

Reetgedecktes Haus

Gutswirtschaften

Der Boden des Dänischen Wohldes gibt gute Ernten. Die sanftwellige bis leichthügelige Landschaft, zwischen zwei Förden und an der freien Ostsee gelegen, ist angenehm. Das Klima gilt als gesund.

Bei solchen Voraussetzungen waren Adel und Ritterschaft selbstverändlich früh zur Stelle, um sich ihren gehörigen Anteil zu sichern. Der Dänische Wohld wurde eine Region der großen Güter: Alt-Bülk,Altenhof, Behrensbrook, Birkenmoor, Borghorst, Dänisch Nienhof, Eckhof, Grönwohld, Hohenhain, Hohenlieth, Kaltenhof, Knoop, Lindau, Neu-Bülk, Noer, Rathmannsdorf, Rosenkranz, Seekamp, Stift, Uhlenhorst, Warleberg, Wulfshagen, Wulfshagenerhütten - die Liste ist durchaus nicht vollständig.

Und alle, die in der schleswig-holsteinischen Adelsgeschichte Rang und Namen hatten, waren in Jahrhunderten vertreten: von Rantzau, von Rumohr, von Blome, von Qualen, von Ahlefeld, von Reventlow, von Pogwisch, von Buchwald, von Brockdorf, von Sehestedt, von der Wisch ... und so fort.

Manche Güter wechselten durch Kauf und Wiederverkauf, Heirat und Erbschaft, auch durch diesen oder jenen Konkurs, von Adelsgeschlecht zu Adelsgeschlecht. Nicht selten auch wieder zurück. Andere blieben Jahrhunderte bei einer Familie.

Schloß Noer

Begonnen hat die Güterwirtschaft auf der Halbinsel zwischen Eckernförder Bucht und Kieler Förde vor etwa 650 Jahren - mindestens. So wird das gut Alt-Bülk - nach Oldekops Angaben in seiner »Topographie des Herzogtums Schleswig«, 1906 - bereits 1353 erwähnt. Die Reventlows, die Pogwischs, dann die Rantzaus sollen in dieser Reihenfolge erste Eigentümer gewesen sein. Später folgten unter anderen die Buchwalds, Ahlefelds und König Christian IV. von Dänemark.

Besonders vornehm waren - den Gepflogenheiten damaliger Zeiten entsprechend - manche Adelige nicht, um ihre großen Gutsländereien »zu erwerben«. Bauernlegen wurde auch im Dänischen Wohld praktiziert. Beispielsweise soll - laut Oldekop - das adelige Gut Noer aus 10 »niedergelegten« Hufen entstanden sein.

Längst sind viele der großen Güter nicht mehr im adeligen Besitz. Schon im »Landwirtschaftlichen Güter-Adreßbuch Schleswig-Holstein« der Ausgabe von 1927 tauchen als hiesige Gutseigentümer so bürgerliche Namen auf wie Danielsen und Clausen. Auch - für Gut Grönwohld - eine Frau Carmen Humbert. Die allerdings entpuppt sich bei genauerer Lektüre als eine geschiedene Gräfin Rantzau und eine geborene Komtess Noer. Das adelige Gut Grönwohld gehörte ihr zu jener Zeit übrigens zusammen mit ihrer Schwester, der Prinzessin Handjeri.

Manche Güter wurden inzwischen ganz oder teilweise aufgesiedelt, das eine und andere einst herrschaftliche Gutshaus dient völlig anderen Zwecken, vom Jugendhof bis zum Altenheim.

Andere Güter haben alle Zeitenstürme überstanden. Einige sind wie eh und je in alt-adeligem Besitz.

Viele besonders große Ackerschläge zeigen es: Der Dänische Wohld ist noch immer - trotz vieler Wandlungen - auch eine Landschaft der Gutswirtschaften.

Das Leben auf dem Lande – früher

»Die bedeutendsten Arten des ländlichen Grundbesitzes sind die adelichen Güter. Die Vorrechte derselben sind hauptsächlich dadurch entstanden, daß die Privilegien, die ihre Besitzer genossen, auch von diesen für ihre Besitzungen in Anspruch genommen wurden, und bald als Rechte dieser galten. (...)

Allein nicht blos das Eigenthum, auch die persönliche Freiheit der Bauern war ehemals beschränkt. Der Adel erwarb sich an ihnen allmählig auch persönliche Rechte und zuletzt wurden die Bauern förmlich als ein Zubehör ihres Grundstücks betrachtet. So bildete sich der unwürdige Zustand der Leibeigenschaft aus und bald besaßen nicht nur der Adel, sondern auch der Landesherr, und der Staat, die Kirche, ja selbst einzelne Communen, wie die Städte, Leibeigene. Der Leibeigene wurde förmlich als Sache behandelt, durfte sein Gut nicht verlasssen, sich nicht ohne Einwilligung des Herren verpflichten, verheiraten und mußte überdies die drückendsten Frohndienste leisten. Man schritt sogar häufig zur Niederlegung der Bauernstellen, nahm ihnen das Land und vergrößerte damit die Hoffelder und verwandelte die Hufner in Tagelöhner, die jetzt ihr bisheriges Land zu Gunsten des Ritters auf dem Hofe bearbeiten mußten. Endlich geschahen, seit ungefähr 150 Jahren, von einigen Gutsbesitzern zuerst in diesem Zustande Veränderungen, namentlich hob man die Frohnden gegen eine Abhandlungssumme auf, bis sie und die ganze Leibeigenschaft durch eine Verordnung Friedrich VI. (von Dänemark) vom 19. December 1804 überall aufgehoben wurden.«

(Aus: »Topographie des Herzogthums Schleswig« von Johannes von Schröder, 2 Auflage. 1854)

Herrenhaus Behrensbrook

Altenhof - Schloß oder Herrenhaus?

Es gibt Herrenhäuser und es gibt Schlösser. Nur - was ist der Unterschied? Wann, wodurch oder warum ist ein Bauwerk als Schloß zu bezeichnen? Und wie definiert man Herrenhaus?

Auf Altenhof gerät der Besucher darob ins Grübeln. In einschlägigen Werken, Prospekten und sonstigen Unterlagen ist die Sache klar: Herrenhaus Altenhof. Dem Erstbetrachter aber fällt beim Anblick dieses imposanten dreiflügeligen Gebäudes unwillkürlich der Begriff Schloß ein.

Schloß oder Herrenhaus - egal. Gut Altenhof gehört auf jeden Fall ins Besuchs- und Besichtigungsprogramm. Bis zur Grünfläche vor dem Herrenhaus ist das Gelände frei zugänglich, voll ausreichend, um einen Eindruck von der Gesamtanlage zu bekommen, mitsamt Kornscheune, dem ehemaligen Kuhhaus von 1717 und auch kleinen, geradezu romantisch anmutenden Nebengebäuden.

Im Prospekt »Museen in Schleswig-Holstein« ist Herrenhaus Altenhof genannt. Im Text wird eingeschränkt: »Da das im Besitz der Familie von Bethmann-Hollweg befindliche Gut als landwirtschaftlicher Betrieb geführt wird, sind nur Gruppenführungen nach vorheriger Anmeldung möglich.« Gemeint sind Innenbesichtigungen. Die Ausstattung gilt als bedeutsam, unter anderem Tapisserien, Stuckdecken, Kamine, Porzellangegenstände sowie die historische Bibliothek.

Musikliebhabern ist Altenhof ohnehin ein Begriff. Mindestens eine der zahlreichen Aufführungen des alljährlichen Schleswig-Holsteinischen Musikfestivals findet hier statt. Nicht im Herrenhaus, im einstigen Kuhhaus.

Altenhof - Schloß oder Herrenhaus?

Idyllischer Winkel auf dem Gutsgelände von Altenhof

Reitturnier im Schloßpark Altenhof

Pferdezucht und Pferdehaltung, Pferdeleistungsschauen, Reitsport und Reitvereine haben im Dänischen Wohld vielfältige Tradition. Alljährlicher Höhepunkt der reitsportlichen Aktivitäten ist am zweiten Juniwochende das Internatione Reitturnier CSI, verbunden mit einer Pferdeleistungsschau, veranstaltet vom Reit- und Fahrverein Gettorf/Eckernförde/Dänischer Wohld e.V. Schloßpark und Gutshofgelände von Altenhof sind Austragungsstätte und Quartierplatz dieser zweitägigen Veranstaltung.

Altenhof´s Bürgermeister Marohn hat sehr zu recht den Eigentümern von Gut Altenhof, der Familie von Bethmann-Hollweg, in einem Begrüßungswort dafür gedankt, daß sie auf ihrem Gelände »den passenden, geeigneten und har-

Springreiten im Schloßpark Altenhof

Reitturnier im Schloßpark Altenhof. Aufstellung zur Siegerehrung

monischen Rahmen« für diese pferdesportliche Veranstaltung zur Verfügung stellt.

Christoph von Bethmann-Hollweg ist zugleich 1. Vorsitzender des veranstaltenden Vereins. Sein Credo zur Pferdeleistungsschau 1997, der 48ten im 50. Jahr des Vereins:

»Erinnern wir uns der Anfänge, kaum zwei Jahre nach dem Kriege, so stellen wir fest, daß der damalige Beweggrund auch heute noch gilt: Der Wunsch, gemeinsam den Pferdesport zu pflegen unter Bewahrung von guten Traditionen deren Wert unstreitig WAR und IST.«

So werden sie denn auch in den folgenden Jahren wiederkommen in den stimmungsvollen Schloßpark von Altenhof - die Spring- und Dressurreiterinnen und -reiter aus der näheren Region, aus dem übrigen Schleswig-Holstein, aus anderen Bundesländern und - wie stets - aus Dänemark. Dazu ein paar Reiterglobetrotter, zum Beispiel aus Australien und Afrika. Und natürlich die pferdebegeisterten, sachkundigen Zuschauer.

Schmuck am (ehemaligen Pferdestall. Hier auf Gut Uhlenhorst

Der Dänische Wohld ist ein Pferdeland

Hohenlieth – anno 1927

Bezeichnung: Hohenlieth, adeliges Gut

Nächster Bahnhof: Altenhof, 4,7 Kilometer

Post- und Telegrafenstation: Eckernförde

Telefon: Eckernförde 361

Besitzer: Oldenburger Moor-Kultur GmbH, Ramsloh

Verwalter: Direktor Dr. Thelen

Größe: 491 Hektar, davon:

Acker inkl. Garten: 312 Hektar

Wiesen: 25 Hektar

Weiden: 100 Hektar

Holzungen: 24 Hektar

Unland, Hofraum, Wege usw.: 30 Hektar

Pferde: 58, davon 20 Fohlen, 10 Zuchtstuten

Rindvieh: 300, davon 200 Kühe

Schweine: 100

(Quelle: »Niekammer´s Landwirtschaftliche Güter-Adreßbücher, Band XXI Schleswig-Holstein«. 1927)

Gut Hohenlieth: Das Torhaus von 1855 und das moderne Gewächshaus harmonieren architektonisch wunderbar.

Hohenlieth – ein Juwel

Das 1855 errichtete, langgestreckte Torhaus mit dem kleinen, feinen Glockenturm, der ehemalige Speicher von 1724, weitere Wirtschaftsgebäude und dann das verhältnismäßig kleine, aber wunderbar proportionierte Herrenhaus von 1760 mit der schönsten Freitreppe der Region – Hohenlieth, in der Nähe von Holtsee gelegen, ist eine der herausragenden Gutsanlagen im Land zwischen den Meeren.

Gut Hohelieth. Torhaus von 1855

Der sehr gute bauliche Erhaltungs- und Pflegezustand des unter Denkmalschutz stehenden Ensemble unterstreicht diesen Eindruck. Ohne Übertreibung: Ein Juwel.

Wohl die schönste Freitreppe der Landschaft: Herrenhaus Hohenlieth

Besucher, die sich vor und auf dem Gutshof einmal umsehen wollen, sind willkommen. Eigentümer Hans-Joachim Lembke: »Bedingt durch unsere Betriebsart haben wir ohnehin viel Besuch von Landwirten, Wissenschaftlern, Angehörigen von Firmen und Behörden aus dem In- und Ausland. Außerdem, in den Erhalt dieser Gebäude sind neben erheblichen Eigenmitteln des Unternehmens auch Gelder der Denkmalspflege geflossen. Die Öffentlichkeit hat also mitbezahlt. Folglich muß sie doch auch das Recht haben, zu sehen, was wir hier mit ihrem Geld gemacht haben.«

Ein Standpunkt, der dem Eigentümer zur Ehre gereicht!

Die genannte besondere Betriebsart heißt Saatzucht. Die Norddeutsche Pflanzenzucht Hans-Georg Lembke KG hat hier ihren Sitz. Zum Saatzuchtprogramm auf Hohenlieth zählen Raps, Weidelgras, Ackerbohnen, Erbsen, Rotklee, Kartoffeln und Rübsen. 10 bis 15 Jahre dauert es in der Regel von der 1. Kreuzung bis zur »fertigen«, vom Bundessortenamt anerkannten neuen Sorte.

Auf Hohenlieth imponieren auch die gut erhaltenen, gepflegten alten Wirtschaftsgebäude

Die Erfolge können sich sehen lassen. Beispielsweise haben die Hohenliether mit ihrer Winterrapssorte »Express« in der Bundesrepublik 1996/97 einen Marktanteil von 30% erreicht. Raps ist hier überhaupt die wichtigste Kulturart. Zuchtziele sind unter anderen verbesserte Standfestigkeit, größere Resistenz gegen Krankheiten, verbesserte Ölqualität, besseres Korn-/Strohverhältnis.

Verantwortlich für das Geschehen auf Hohenlieth sind, neben Hans-Joachim Lembke als Eigentümer des landwirtschaftlichen Betriebes und zugleich Gesellschafter und Geschäftsführer der Kommanditgesellschaft, sein Schwager Dietrich Brauer, ebenfalls Geschäftsführer und Gesellschafter und als Zuchtleiter Dr. Martin Frauen.

Hans Joachim Lembke vergißt nicht, im Gespräch nachdrücklich darauf hinzuweisen, wie bedeutsam für den Betriebserfolg alle Mitarbeiterinnen und Mitarbeiter des Unternehmens sind, die ständig beschäftigten und auch die aushilfsweise tätigen während der Saisonspitzenzeiten.

Hohenlieth wurde zur Fortführung der Zuchtarbeit in dem seit 1945 geteilten Deutschland durch Hans Georg und Helene Lembke 1952 erworben, als das Gut aufgesiedelt wurde. Seither werden hier neue Sorten gezüchtet und Saatgut vermehrt. Die politische Wende in der einstigen DDR ermöglichte 1991 den Rückkauf des Hofes Malchow auf der Ostseeinsel Poel in Mecklenburg-Vorpommern. Malchow ist der Stammsitz der Lembkes, nachweisbar seit 1624. Hans Lembke begann dort 1897 mit der Pflanzenzüchtung. Dieser 100jährigen Tradition wurde 1997 auf Hohenlieth und Malchow festlich gedacht.

Zwei kamen durch!

Die Meiereien in Schinkel, Osdorf und Revensdorf, in Krusendorf, Gettorf, Pries und in weiteren Orten sind Geschichte. Insbesondere in der Zeit um 1960/70 haben sie die Zentrifugen abgestellt, die Tore geschlossen, den Betrieb aufgegeben. Konzentrationsprozesse in der Meiereiwirtschaft und Strukturwandel in der Landwirtschaft waren die Hauptursachen.

Zwei ländliche Meiereien - in Kaltenhof und in Holtsee - haben überlebt. Wie sie es geschafft haben? Geschäftsführer Uwe Mumm, Kaltenhof: »Als in den 60er-Jahren die Kieler Milchzentrale gegründet wurde, haben wir da nicht mitgemacht. Kaltenhof ist, im positiven Sinn, konservativ. Wir wollten selbständig bleiben. Damit sind wir nicht schlecht gefahren. Wir sind zwar klein, aber wir sind am Leben. Hingegen gibt es die Kieler Milchzentrale schon nicht mehr. Mit der Landeshauptstadt Kiel haben wir ein gutes Absatzgebiet vor der Tür.«

Geschäftsführer Matthias Bock erläutert die Holtseer Überlebensstrategie wie folgt: »Als die starken Strukturveränderungen begannen, haben wir uns frühzeitig spezialisiert. Nach und nach wurde die Käserei ausgebaut. Inzwischen verarbeiten wir den größten Teil der Milchanlieferung unserer Milcherzeuger zu »Holtseer Tilsiter«, einem Qualitätskäse, der etwa sechs Wochen in unseren ausgedehnten Kellerräumen naturreift und dort von 15 Frauen und Männern ständig gepflegt wird. Damit konnten und können wir im Markt bestehen.«

Auch für die Zukunft setzen beide Geschäftsführer auf die Verarbeitung der Rohmilch der Milcherzeuger aus der Region Dänischer Wohld und auf die Produktion von qualitativ hochwertigen Milchprodukten.

Meierei Kaltenhof, Abteilung Butterherstellung

In diesen Kelleräumen reift der berühmte Tilsiter Käse aus der Meierei und Käserei Holtsee

Zwei Meiereien im Kurzportrait

Kaltenhof

Rechtsform:
Genossenschaftsmeierei, z. Zt. 42 Genossen

Gründungsjahr: 1928

Anzahl der Zulieferbetriebe:
Z. Zt. 36 landwirtschaftliche Höfe

»Beteiligte« Milchkühe:
Z. Zt. etwa 1300

Verarbeitungskapazität:
Rund 7,2 Millionen Kilo Milch pro Jahr

Produktpalette:
Trinkmilch, Schlagsahne, Butter, Speisequark, Joghurt

Besonderheit/Spezialität:
Faßbutter »nach alter Art, so wie Großmutter das gemacht hat«

Absatzgebiet:
Landeshauptstadt Kiel, Raum Nortorf, Rendsburg. Ein wenig Kleinverkauf ab Meierei.

Geschäftsführer:
Uwe Mumm
(seit 25 Jahren, vorher sein Vater, 30 Jahre lang)

Holtsee

Rechtsform:
Genossenschaftsmeierei, z. Zt. 240 Genossen

Gründungsjahr:
1938. Aber schon vorher bestand seit 1899 fast an gleicher Stätte eine Meierei

Anzahl der Zulieferbetriebe:
Z. Zt. 240 Milcherzeuger.

»Beteiligte« Milchkühe:
Z. Zt. etwa 12700

Verarbeitungskapazität:
Rund 70 Millionen Kilo Milch pro Jahr werden zu 4500 Tonnen (das sind 90000 Zentner) Käse verarbeitet

Produktpalette:
In ausgedehnten Kellerräumen naturgereifter Käse, ausschließlich Tilsiter in verschiedenen Varianten

Besonderheit/Spezialität:
»Holtseer Tilsiter« - ein Qualitäts- und Markenbegriff

Absatzgebiet:
Eigenvermarktung im norddeutschen Raum. Unter dem Markenbegriff »Gut von Holstein« in Gemeinschaft mit anderen Meiereien Schleswig-Holsteins Absatz im gesamten Bundesgebiet. Export, z.B. nach Rußland, Amerika, Italien. Kleinverkauf ab Meierei.

Geschäftsführer:
Matthias Bock

Meiereien – damals

»Ich sah hier in Dänisch-Wohld zum ersten Male eine jener ausgezeichneten und großen (...) Meiereien oder Butterfabriken, welche die Milch von nicht weniger als 300 milchenden Kühen verarbeitete. Man kann sich denken, daß die wiederholte Einerntung des rohen Stoffes von so viel Thieren (...), die energische und rasche Verarbeitung dieser verderblichen Waare, die subtile und völlig reinliche Behandlung derselben, die Ausbreitung der Milch in den Kollern, die Abschöpfung des Rahms, die Gewinnung der Butter, die Verpackung, Aufspeicherung und Versendung derselben, nicht nur sehr viele Hände beschäftigt, sondern auch viele, in ihrer Art großartige Vorrichtungen erfordert (...) Gebuttert wird in großen, horizontal liegenden Fässern, deren Flügel sie zum Theil mit Dampfmaschinen, meistens mit Pferden in Bewegung setzen.«[*)]

(Aus: »Reisen in Dänemark und den Herzogthümern Schleswig und Holstein« von J.G. Kohl; 1846)

[*)]Hinweis: Kohl beschreibt die zu jener Zeit allein existierenden Guts- und Hofmeiereien

Der Milchfahrer. So kam die Milch noch vor etwa 70 Jahren zur Meierei

Die Künstlerin

Nun ja, zu einer respektablen Künstlerkolonie - wie einst Worpswede - hat sich der Dänische Wohld nicht entwickelt. Künstlerinnen und Künstler sind hier aber doch zu Hause. Wie die Malerin Sylvia Meisner-Zimmermann, die - als gebürtige Hessin und nach Studium der Kunst, Kunstgeschichte, Angelistik und Psychologie - seit mehr als 20 Jahren in Holtsee ansässig ist.

Mit 12 Jahren malte sie ihr erstes Ölbild, mit 14 Jahren begann sie die Malerei ernsthaft zu betreiben. Zahlreiche Ausstellungen im In- und Ausland und Würdigungen in der Presse haben sie einem großen Kreis bekannt gemacht. Die Bindung zu ihrer neuen engeren Heimat hat sie aber nie verloren. So hängt ein »Meisner-Zimmermann« auch in einigen Guts- und Bauernhäusern der Umgebung, in Räumen von einheimischen Banken und Unternehmen. Aquarell, Öl und einige, zum Teil selbst entwickelte Mischtechniken werden bevorzugt. Außerdem entstehen Federzeichnungen. Festgelegt ist die Holtseer Künstlerin in keiner Weise. Naturalistisch, realistisch, abstrahiert - vieles ist vertreten.

So unterschiedlich ihre Werke auf den ersten Blick erscheinen mögen, »Strich und Stil« der Sylvia Meisner-Zimmermann sind doch stets erkennbar.

Im geräumigen Bodengeschoß ihres Hauses arbeitet sie. Dort zeigt sie einen Teil ihrer Bilder gern interessierten Besuchern. Terminabsprache ist erforderlich. Telefon 04357-490.

Federzeichnung von Sylvia Meisner-Zimmermann: Häusergruppe in Holtsee

Sehestedter Notizen

Durch den Bau des Nord-Ostsee-Kanals wurde Sehestedt in eine nördliche und eine südliche Hälfte geteilt. Die Auto- und Personenfähre fährt, kanalquerend, hinüber und herüber. Unentgeltlich für die Nutzer, weil die Straße vor dem Kanal bestand. Gelegenheit also zu einer kostenlosen Kanalfahrt im Kurzzeitformat.

Das Gut gehört zum Ort. Früher war es umgekehrt: Das Dorf gehörte zum Gut. Anno 1460 wird - nach Oldekop - die Familie von Sehestedt als Gutsbesitzer genannt. Es folgten unter anderen von Ahlefeld, von Rantzau, von Reventlow, von Lilienkron, von Rumohr, später dann Familie Trummer. Heutiger Eigentümer ist Malte Ahlmann. Etwa 450 Hektar werden bewirtschaftet, davon rund 380 Hektar Ackerfläche und zirka 45 Hektar Wald. Die Milchviehhaltung wurde vor ein paar Jahren aufgegeben. Die Gutsanlage ist regelmäßig gebaut, mit flankierenden Wirtschaftsgebäuden links und rechts der baumbestandenen Zuwegung und dem zurückliegenden stattlichen Herrenhaus.

Teile der kleinen, auf hoher Böschung dicht am Kanal stehenden Kirche sind spätromanisch, etwa aus der Zeit um 1200. Den später errichteten Holzturm ziert ein achtseitiger schindelgedeckter Spitzhelm mit einem goldgelb blinkenden Wetterhahn auf der obersten Spitze. Vom Kanal und von der gegenüberliegenden südlichen Uferseite aus ist der Blick auf das Kirchlein besonders schön.

Das Pastorat, 1820 gebaut, ist von spezieller Art. Vier weiße Rundsäulen tragen eine Bogenhaube, die sich über einer kleinen Eingangsvor-

halle wölbt. Sprossenfenster und Reetdach. Davor alter Baumbestand.

Im angrenzenden Kluvensicker Holz gepflegte Waldspazierwege, auch als Rundkurs. Beliebt ist auch der breite, ebene Wanderweg auf der Böschung, den Wald zu einen, den Kanal zur anderen Seite.

Fähre über den Nord-Ostsee-Kanal bei Sehestedt. Blick auf die Sehestedter Kirche

Pastorat Sehestedt von 1820

Torhaus im Stil der Renaissance

Der Blick durch die hohen Säulen und Bogen des Torhauses auf das Herrenhaus Rosenkranz läßt noch immer etwas erkennen und noch mehr erahnen vom Glanz und von der Pracht vergangener Tage. Damals, als im Jahre 1895 das Torhaus in den der Renaissance nachempfundenen Formen erbaut wurde, war die umfangreiche, geschlossene Gutsanlage vermutlich im hochherrschaftlichen Pflege- und Vorzeigezustand, mitsamt Scheunen und Ställen, Meierei, Inspektorenhaus, Parkgelände und Burggraben.

Detail am Torhaus von Rosenkranz

Das Herrenhaus stammt aus dem Jahre 1791; es wurde im 19. Jahrhundert bedeutend vergrößert.

Schon im 13. Jahrhundert soll hier ein Herrenhaus gestanden haben. Zu der Zeit hieß das Gut (wie heute noch der nachbarliche Ort) Schinkel. Der neue, der heutige Name stammt aus dem Jahr 1828, als die Freiherrlich Weber von Rosenkrantzsche Familie das Anwesen erwarb.

Die jetzigen Zeiten sind nicht besonders günstig für manche Gutsanlagen mit alten, großen (vermutlich viel zu großen) Herrenhäusern, mit diversen Wirtschaftsgebäuden, mit Torhäusern. So viel ältere Bausubstanz zu erhalten, erfordert hohen finanziellen Aufwand. Vieles kann nicht wie einst prächtig und glanzvoll, sondern muß für die heutigen Wirtschaftsweisen zweckmäßig und funktional sein. Das gilt sichtlich auch für Rosenkranz.

Trotzdem: Das Torhaus mit dem zurückliegenden Herrenhaus ist, zumal bei passendem Sonnenstand, wie einst ein Motiv, das den Titel »herrschaftliche Gutsanlage« wohl verdient.

Blick durch die Säulen des Torhauses auf Herrenhaus Rosenkranz

Die alte Schule in Neuwittenbek

»Bis in das Jahr 1797 läßt sich das Bestehen der alten Schule genau zurückverfolgen. In dieser Zeit war vom zweiten Lehrer, der auch wie der erste Lehrer ein Schneider war, die Rede. Der erste Lehrer hieß Herr Popp, der zweite Herr Mardfeldt. Das war vor 200 Jahren. Stellt euch vor, wir könnten die Zeit nur um etwa 90 Jahre zurückdrehen. Ihr seid Schüler dieser alten Schule. Große Lindenbäume und Kastanienbäume stehen auf dem Schulhof. Die Mädchen haben lange Zöpfe und gehen mit Schürzen über den Kleidern in die Schule. Lange Hosen gibt es nur für Männer. Im Winter tragen Jungen knielange Hosen und wie die Mädchen lange Strümpfe. Vielleicht noch selbstgestrickte? Die pieksen und krabbeln sehr. Es stört Euch nicht, denn Ihr seid es gewöhnt. Ihr geht mit Holzpantoffeln, nur selten mit Lederstiefeln, in die Schule. Auch die Kinder aus Altwittenbek, Warleberg und Eckholz gehen noch für einige Jahre hier in die Schule. Ihr fahrt vielleicht mal mit einem Pferdewagen mit. Sonst geht Ihr immer zu Fuß. Es gibt keine Straßenlaternen (Lampen). Könnt Ihr Euch das bei diesem Wetter vorstellen? Die meisten Straßen sind Sandwege. Einige sind mit Feldsteinen gepflastert. 1906 seid ihr in zwei Klassenräumen 106 Schüler und Schülerinnen. 1908 am 1.4. wird die Schule in Eckholz eingeweiht. 60 Kinder bleiben in Neuwittenbek.

Für alle, die nicht wissen, wo die alte Schule war: In der Dorfmitte steht das alte Reetdachhaus Gettorfer Weg 1. Es ist seit dem 1.8.54, als die neue Schule eingeweiht wurde, ein Wohnhaus.«

(Aus: »Niewittenbeker Dörpsblatt«, Ausgabe März 1997. Ein - gekürzter - Beitrag von Bärbel Thams unter Verwendung von Informationen von Malermeister Bruno Jöhnk)

Wo der »kleine Biber« schwimmt

Ursprünglich war der Bisam nur in Nordamerika beheimatet. Dann wurde er – seines feinen Felles wegen – ab 1905 in der Tschechoslowakei in Pelztierfarmen gehalten. Einige Tiere büxten aus, begaben sich auf Wanderschaft und vermehrten sich enorm.

Lange Zeit meinte man, der Nord-Ostsee-Kanal sei eine natürlich Grenze für Meister Bisam. Irrtum! Schwimmend hat er den Kanal längst überwunden und fühlt sich nun bei ausreichendem Wasserstand auch in der Wittenbeker Au, beispielsweise in Altwittenbek, ganz offensichtlich wohl.

Schwimmt er, könnte man ihn für einen Biber in Kleinformat halten. Auch Lebensart und Lebensumstände sind ähnlich. Daher auch die Bezeichnung »kleiner Biber« für den Bisam.

Geschäftig und durchaus possierlich schwimmen Bisame in der Wittenbeker Au hin und her, tauchen ab und wieder auf, muffeln als reine Pflanzenfresser Grünzeug von der Bachkante. Die Bauten haben je einen Eingang über und unter Wasser.

Im »Illustrirten Konversations-Lexikon« der Ausgabe 1872 steht zum Thema Bisam zu lesen: »Ihr Wesen ist still und friedliebend, ihr Treiben unschädlich.« Das galt damals und für Nordamerika. Hier und heute wird das anders gesehen. Weil er durch seine Bauten Uferböschungen, Dämme und Deiche unterhöhlt, wird ihm durch ehrenamtlich tätige Bisamfänger nachgestellt. Einige der Tiere entwischen immer – und tummeln sich auch in Bächen und Auen des Dänischen Wohldes.

Die Kronsbek windet sich durch's Land

Au, Bek und Bach

Hierzulande heißt mancher Bach: Au. Sie - die Au - ist ein Fließgewässer. Mit allen Merkmalen eines Flusses - nur schmaler und weniger Wasser führend.

Die Wittenbeker Au tröpfelt nach langen Trokkenperioden im Sommer gar nur noch als dürftiges Rinnsal. Im Herbst aber, nach anhaltenden ergiebigen Regenfällen oder ausgangs des Winters, bei Schneeschmelze plus Regenwetter, schwillt die ansonsten harmlos-brave Wittenbeker Au erheblich an, steigt der Wasserstand um ein Mehrfaches des Sommerpegels, erhöht sich die Fließgeschwindigkeit kräftig. Für Naturfreunde ein Schauspiel. Für Landwirte die Beruhigung, daß »ihre« Au das Überschußwasser aufnimmt und damit knapp südlich von Altwittenbek in den Nord-Ostsee-Kanal mündet.

Auch die Kronsbek, aus der Gegend um Sprengerhof kommend, über Osdorf fließend und bei Aschauhof in die Ostsee mündend, ist - so gesehen - eine Au. Nur endet ihr Name statt auf au auf -bek. Das ist die niederdeutsche Sprachform für Bach.

Oh Bek, Bach oder Au - egal. Sie alle gereichen der Landschaft zur Zierde. Dort, wo sie sich naturbelassen ihren Weg suchen können, ganz besonders.

Zu nennen wären - neben anderen - noch die Lindauer Mühlenau mit Endstation Nord-Ostsee-Kanal und die durch Dänischenhagen fließende Mühlenau, die über die Fuhlenseeniederung ihr Wasser schließlich in die Ostsee entläßt.

Wulfshagen, eine schöne Gutsanlage

»F« und »R« - diese Initialen im schmiedeeisernen Tor vor der Hofauffahrt von Gut Wulfshagen weisen auf den heutigen Eigentümer hin: Friedrich Reventlow, vollständig: Friedrich Graf zu Reventlow.

Er hat es verstanden, Wulfshagen, eine der hervorragendsten Gutsanlagen des gesamten Landes Schleswig-Holstein, trotz der wirtschaftlich schwierigen Zeiten für landwirtschaftliche Großbetriebe mit umfangreichen, weitgehend denkmalgeschütztem Bautenbestand, in beeindruckend schöner Form zu erhalten.

Vor dem eigentlichen Gutshof liegen zwei kleine Teiche, in denen sich die beiden langgestreckten niedrigen Fachwerkbauten von 1788 beiderseits der Hofeinfahrt ebenso widerspiegeln wie eine prächtige Kastanie.

Gut Wulfshagen bildet eine geschlossene Anlage. Der weite Hofplatz wird umstanden vom Herrenhaus, von niedrigen Verwalter- und Wirtschaftsgebäuden, mächtigen Scheunen und den genannten beiden Fachwerkbauten abschirmend zur Straßenseite hin.

Alles ist gepflegt, unter frischer Farbe.

Das zweigeschossige Herrenhaus wurde 1699 gebaut. Das Wappen über dem Eingang stammt aus der Zeit eines Vorbesitzers, der adeligen Familie von Qualen. Die gräfliche Familie zu Reventlow erbte Wulfshagen 1903. Das Innere des Herrenhauses ist für Fremde in der Regel nicht

Herbsttag auf Gut Wulfshagen

zugänglich. Aber für interessierte Besuchergruppen macht Graf zu Reventlow nach rechtzeitiger Terminabsprache schon mal eine Ausnahme. Die geräumige hohe Eingangshalle, der Festsaal mit wertvollem Stuckdekor an Decken und Wänden aus der Zeit um 1790, der Salon mit der Wandvertäfelung, im Obergeschoß das blaue Schlafkabinett mit der in Öl auf Leinwand gemalten Bildertapete aus der Zeit der Entstehung des Hauses, gehören - neben vielen anderen - zu den bleibenden Eindrücken für den Gast.

Zurück zum Hof. Die reetgedeckte Fachwerkscheune stammt aus dem 18. Jahrhundert. »Das war die Weizen- und Gerstenscheune« erläutert Graf zu Reventlow. Ebenfalls reetgedeckt ist die Gutscheune mit den gelben Ziegelwänden auf der gegenüberliegenden Hofseite. Die Sonnenuhr trägt die Jahreszahl 1830. Daneben verdeutlichen zwei weitere, jüngere Scheunen, welche Mengen an Korngarben und auch Heu hier früher eingefahren wurden.

Das unmittelbar angrenzende Gelände ist eine parkartige Landschaft. Mit uralten Eichen, die hier schon lange Zeit standen, als das Herrenhaus Wulfshagen vor nunmehr 300 Jahren gebaut wurde. Sie könnten letzte Zeugen sein vom Isarnho, dem »eisernen Wald«.

Gut Wulfshagen,
Blick durch die Torhäuser auf das Herrenhaus

Gutsscheunen

Kornfelder in der Größe mehrerer Hektar sind in dieser Landschaft nach wie vor keine Ausnahme, sondern eher die Regel. Gutsäcker sind nicht kleiner.

Modernste landwirtschaftliche Technik ermöglicht die Bearbeitung in kurzer Zeit, mit einer minimalen Anzahl Mitarbeiter. Die Ernte per selbstfahrendem Großmähdrescher erfolgt im Ruck-Zuck-Verfahren.

Früher war das anders. Da mußten diese endlos scheinenden Schläge von vielen Schnittern mit der Sense per Hand gemäht werden, mußten - natürlich auch per Hand - die Halme gerafft, zu Garben gebunden und in Hocken aufgestellt werden.

Schließlich wurde eingefahren. Im »Handbuch der rationellen Landwirtschaft für praktische Landwirthe und Oekonomieverwalter« werden im Jahre 1869 folgenden Arbeitsleistungen genannt:

»Beim Einfahren des Getreides können durch 1 Mann täglich 40-50 Schock*) Garben auf den Wagen gereiht werden. 80-100 Schock*) Getreide können in 1 Tage in der Scheune abgeladen werden.«

Für die riesigen Mengen der einzufahrenden und später per Dreschflegel auszudreschenden

Mächtige Gutsscheunen auf Wulfshagen

Alte Fachwerkscheune auf Wulfshagen

Korngarben waren auf den Gütern enorm große Scheunen erforderlich.

Auch wenn schon lange keine Korngarben mehr darin gelagert werden, blieben auf vielen Betrieben die beeindruckend mächtigen Gutsscheunen erhalten. Als letzte faßbare Zeugen der ganz und gar anderen, der längst vergangenen Arbeitsformen in der Landwirtschaft.

Eine heutige Fahrradwandertour durch den Dänischen Wohld könnte dieses Motte haben: Schöne alte Gutsscheunen.

*)Schock = altes deutsches Zählmaß; 60 Stück

Farbenpracht

So um Mitte Mai, mal früher, mal spätcr, jc nach Witterungsverlauf und Klimadaten, blüht der Raps. Im Dänischen Wohld auf riesigen Schlägen der Güter. Mögen Naturschützer solche »Monokulturen« beklagen, das Auge kann sich nicht sattsehen an dieser Farbenpracht in leuchtendem Gelb, gerahmt vom Grün der Knicks und kleiner Waldinseln. Und darüber ein blauer Himmel, auf dem weiße Wolken segeln.

Rapsblüte - Baumblüte

Wenn der Raps blüht ...

Rapsblüte - bis zum Horizont

»Ausgemergelt«

Die Kuhlen mitten im Feld sehen aus wie kleine, ausgetrocknete oder nur wenig Wasser enthaltende Tümpel. Sie sind zumeist rundherum und auch mittendrin mit Büschen bewachsen. Einige wurden eingezäunt.

Die Natur hat diese »Löcher« in der Landschaft nicht geformt. Es sind Mergelkuhlen, von Menschenhand mit Spaten und Schaufel aufgegraben.

Mit Mergel haben die Landwirte einst ihre Äkker »gedüngt«, dem Boden wieder notwendige Stoffe, vor allem Kalk, zugeführt, die Ernteerträge dadurch spürbar gesteigert. Ein Feld, das zunehmend geringere Ernten lieferte, wurde dann auch als »ausgemergelt« bezeichnet. Ihm fehlte eine frische Mergelgabe.

Das war, bevor »Kunstdünger« in den Handel kam. Seit 1780 soll in Deutschland gemergelt worden sein.

Mergel, so berichten Lexika, ist eine Gemenge aus kohlensaurem Kalk und Ton, häufig mit Beimengungen aus Quarzkörnern (= Sand) sowie anderen Bestandteilen.

Mergelerde als loses Vorkommen war (und ist) im Dänischen Wohld an vielen Stellen, oft nur wenige Spatenstiche unter der Humusdecke, zu finden. Den Eiszeiten sei Dank.

Längst ist die schwere Arbeit des Mergelgrabens, des Mergelfahrens und -ausbringens Vergangenheit. Viele Mergelkuhlen wurden im Laufe der Zeit verfüllt, eingeebnet, sind verschwunden.

Andere blieben bis heute erhalten. Als Zeugnisse einstiger landwirtschaftlicher Arbeit und Kultur, als schmückende Elemente in der Landschaft, als Refugium für vielerlei Vögel und Tiere.

Ehemalige Mergelkuhle im Feld, mit Busch und Baum bewachsen

Mergeln – aber richtig

»Die Stärke der Anwendung des Mergels hängt hauptsächlich von seinem Kalkgehalte ab, und seine Verwendung auf die verschiedenen Bodenarten wird durch die Beschaffenheit derselben bestimmt. Ist der Boden leicht sandig, so muß man einen solchen Mergel wählen, welcher viel Zumischung von Thon hat, sollte auch der Kalkgehalt nicht so bedeutend seyn; nur muß der dann stärker aufgefahren werden. Auf schwerem Boden wird mit dem größten Vortheil der sandreiche Mergel angewendet, und für solchen Boden kann er nicht reich genug an Kalk seyn.«

(Aus: »Das Hauslexikon«, Zweiter Band. 1835)

Mergelgraben
(Nach einem Gemälde des Dänen R. Christiansen)

Feldweg

Hier findet man sie noch, Wege in der Feldmark, die nicht asphaltiert, gepflastert oder betoniert wurden. Vielfach sind es Wirtschaftswege, quer durch die großflächigen Äcker und Wiesen der Güter. Für den öffentlichen Fahrzeugverkehr sind sie - wie angenehm - in aller Regel gesperrt. Spazierengehen ist zumeist erlaubt.

Das ist dann Wandern durch die Natur, ohne Motorgeknatter und Auspuffgase, dafür aber mit frühlingsjubilierenden Lerchen oben im Himmelsblau.

In der vom Landesvermessungsamt Schleswig-Holstein herausgegebenen Karte »Wandern und Erholen im Kreis Rendsburg-Eckernförde, Blatt Nord« sind manche dieser Wege als Wanderstrecken markiert. Andere nicht. Die sind in der Karte zu erkennen als schmaler grauer Strich, der in der Legende mit »Fußweg« erläutert wird.

Einer dieser »geheimen« Wege quer durch die Felder beginnt fast an der B 76, knapp östlich der Ausfahrt Wulfshagen, und führt zum Duxmoor. Aber, bitte, nicht verraten.

Stiller Weg

„Schlängelweg" durch's Land

Spatzenland

Die studierten Profi- und die passionierten Hobbyornithologen, landläufig Vogelkundler genannt, haben es festgestellt: Die Spatzen werden überall in deutschen Landen immer seltener. Die Umweltbedingungen sind zunehmend nicht so, wie sie für Spatzen sein müssen.

Frohe Kunde aus dem Dänischen Wohld. Hier tummeln sich vielerorts Spatzen nicht nur in Einzelexemplaren, sondern in respektablen Scharen. Was den Schluß erlaubt, die Lebensumstände sind für Spatzen hier noch günstiger, natürlicher. Für Menschen vermutlich auch.

Man muß übrigens kein Vogelkundler sein, sondern nur ein stiller, geduldiger, mit Fernglas ausgerüsteter Beobachter, um in Wäldern, Feldern und Ortschaften viele andere Vögel auszumachen: Feldlerchen, verschiedenartige Schwal-

Morgenfrühstück

Enten-Treff am Kanal

Wasservögel auf der zugefrorenen Lagune bei Aschauhof

Landende Wildgänse

benarten, Bachstelzen, Gartengrasmücke, Rotkehlchen, Stare, Singdrossel, Kohlmeise, Schwanzmeise, Blaumeise, Tannenmeise, Kleiber, Zaunkönig, Goldammer, Kernbeißer, Buchfink, Grünfink, Dompfaff (Gimpel), Spechte, Eichelhäher, Bussarde, Habichte, Rüttelfalken und ... und ... und.

Und natürlich jede Menge Wassservögel.

Junge Schwalben haben unentwegt Hunger

Gettorf kommt

Gettorf, hat Bürgermeister Schönfeld gesagt, sei auf dem Weg zu einem Mittelzentrum mit 7000 Einwohnern und 20 000 Einwohnern im benachbarten Verflechtungsbereich.

Mit anderen Worten: Gettorf ist zwar nicht Hauptstadt, wohl aber Hauptort des Dänischen Wohldes.

Zentrale Lage, gute Verkehrsanbindung an Straße und Schiene, eine gewachsene und mit Augenmaß weiterentwickelte Infrastruktur sind Pluspunkte.

Optisch hat der Ort sich in den letzten Jahren herausgeputzt: das schmucke neue Rathaus, flankiert von der »wiedererstandenen« Windmühle, davor der ansprechende, mit viel Naturgrün gestaltete Karl-Kolbe-Platz, der verkehrsberuhigte innerörtliche Bereich zum Bummeln und Einkaufen, an den Tangenten Siedlungsgebiete ganz ohne Betonburgen. Immer im Blick: der Kirchturm von St. Jürgen.

In Gettorf läßt sich´s leben. Das haben mehr und mehr auch Feriengäste erkannt. Ursula Dieckmann, die 1. Vorsitzende des Fremdenverkehrsvereins Gettorf und Umgebung e.V., berichtet von vielen Urlaubern, vor allem aus süddeutschen Regionen, die immer wieder nach Gettorf und in die unmittelbar angrenzenden Gemeinden kommen.

»Unsere Lage«, schwärmt Ursula Dieckmann, »ist ja auch ideal. Die Ostsee mit den Stränden ganz in der Nähe, rundum intakte Natur zum Wandern und Radfahren, bis Kiel und nach Eckernförde ist es jeweils nur ein Katzensprung, und die Nordsee ist per Tagestour stets erreichbar.«

53 Mitglieder zählt der Fremdenverkehrsverein zur Zeit. Über 250 Betten werden angeboten. Besonders gefragt sind Ferienwohnungen. Der Verein weiß immer, wo noch eine frei ist. Anruf oder Fax genügt: 04346-3520.*)

*) Anschriften, Telefon- und Faxnummern weiterer Fremdenverkehrsvereine, Kurverwaltungen und Zimmervermittlungen siehe im Anhang.

Gettorf anno 1854

»Gettorf, Kirchdorf, 1 ¾ Meilen südöstlich von Eckernförde an der Chaussee nach Kiel (...) Dieses alte ansehnliche Dorf gehört theils zum Gute Wulfshagener-Hütten und theils zum Gute Groß-Königsförde. Zum ersten Gute gehören 9 Vollhufen, 8 Halbhufen, 40 Kathen und 18 Instenstellen, und zum letzten 8 Hufen, 9 Instenstellen und 7 Häuser ohne Land. - Das Wirthshaus mit der Brauerei- und Brennerei-Gerechtigkeit heißt Landkrug. Der Meierhof Gettorf zum Gute Königsförde gehörend (...) ist in Erbpacht gegeben. Eine ausgebaute Hufe und 2 Instenstellen heißen Hasselrott und 1 Hufe Neuendamm. - Districtschule. - Apotheke, 4 Wirthshäuser, 2 Schmiede und viele Handwerker. Im Dorfe wohnen 2 Aerzte (...) Der Boden ist gut. - Gettorf war vormals ein sehr besuchter Wallfahrtsort und eine dem St. Jürgen geweihete Capelle, die sich bis 1620 erhielt, lag nahe am Kirchhofe. Der Kirche geschieht schon 1318 Erwähnung (...) An der Kirche sind 2 Prediger angestellt, die von den Besitzern der Güter Lindau und Königsförde präsentirt werden; die Gemeinde wählt. (...) In Gettorf werden jährlich 4 Viehmärkte gehalten. - Im Jahre 1853 ward hier ein Büreau zur Briefbeförderung eingerichtet.«

(Aus: »Topographie des Herzogthums Schleswig« von Johannes von Schröder, 2. Auflage. 1854)

Die „wiedererstandene" Windmühle von Gettorf

Von Wind- und Wassermühlen

Borghorstermühle, Warlebergermühle, Lindhöftermühle, Mühlenberg (bei Sprenge), Mühlenau (die Lindauer und die Dänischenhagener) - es sind eine ganze Anzahl von aktuellen, amtlichen Orts-, Siedlungs-, Gelände- und Bachnamen, die auf die vielen einstigen Wind- und Wassermühlen in dieser Landschaft hinweisen.

Nicht nur in den genannten, auch in anderen Orten und Gutsbezirken waren vor Zeiten Mühlen vorhanden. Zu Altenhof gehörte eine Wassermühle, zu Kaltenhof eine Windmühle. In Osdorf stand eine zu Borghorst gehörende Erbpachtmühle und eine weitere Mühle. Genannt werden eine Wassermühle an der Laßbek südlich von Surendorf, Mühlen in Revensdorf, in Levensau (mit Bäckerei), in Schinkel zwei Mühlen, in Tüttendorf eine. Und so fort.

Der Einzug der Elektrizität ins Mühlenwesen und das Entstehen städtischer Großmühlenbetriebe bedeuteten für die kleinen Mühlen auf dem Lande nach und nach das »Aus«. Sie waren nicht mehr konkurrenzfähig, wurden aufgegeben, verfielen, wurden abgebrochen.

Bis die Erkenntnis allgemein wurde, daß historische Mühlen Kulturdenkmäler allerersten Ranges sind, und eine Windmühle zudem einem Ort, einer Region zur Zierde gereicht, war es für die allermeisten Mühlenbauwerke auch im Dänischen Wohld bereits zu spät: Sie waren verschwunden.

Anerkennung daher den Gettorfern, die - nach lebhaften Diskussionen in der Gemeindevertretung: Abriß ja oder nein? - sich zum Erhalt ihrer Windmühle entschlossen. Zwar war der 1869 errichtete Galerieholländer einhundert Jahre später auch nur noch ein Mühlentorso, aber dank Mühlenförderverein konnte die Wiederherstellung erfolgen. 1982 waren auch die Flügel montiert. Gettorf hatte wieder sein Wahrzeichen: die Windmühle. Korn wird darin allerdings nicht mehr gemahlen. Windmühle ist das Gebäude außen, die Innenräume dienen insbesondere kulturellen Zwecken.

Der Müller (Kupferstich von Gabler, gestochen von Vogel)

PR

Gettorfer Schulgeschichten

Schulverbandsvorsteher Peter Krayenhagen, Bürgermeister Dieter Schönfeld und Schulleiter Hans-Meinert Redlin haben sich mächtig ins Zeug gelegt. Und es geschafft: Seit Schuljahr 1997/98 hat Gettorf ein eigenes Gymnasium. Statt in Eckernförde oder Kiel, können Sextaner nunmehr hier im ländlichen Zentralort des Dänischen Wohldes eingeschult werden. Womit das Gettorfer Schulangebot komplett ist. Die Besonderheit: Dem Gymnasium ist die Realschule als Zweig angeschlossen; eine neue Variante in der schleswig-holsteinischen Bildungslandschaft.

Die Sachkosten - vom geplanten neuen Schulgebäude bis zu laufenden Betriebsmitteln - werden dem Schulverband noch manche Stunde des Rechnens (und der Geldbeschaffung) kosten. »Wenn wir´s gemeinsam wollen, packen wir es«, hat Gärtnermeister Peter Krayenhagen gesagt. Und das werden sie auch.

Ein Glück nur, daß die Gemeinden des Schulverbandes nicht auch noch für die Lehrergehälter aufkommen müssen. Die zahlt die Landesregierung.

Das war nicht immer so. Früher waren auch dafür die Gemeinden zuständig. Aber die zahlten - noch um 1870 - ihren Lehrern nicht nur Bares, sondern auch Naturalien. So wurde der Lehrer in Gettorf, der gleichzeitig Küster und Organist zu sein hatte, neben einem Bargehalt mit Hafer, Roggen, Flachs, Mettwürsten, freier Wohnung und freier Feuerung entlohnt. (Siehe dazu nebenstehende Vakanz-Mitteilung vom 6. Dezember 1872).

Für Kinder aus Familien mit »beschränkten Vermögensverhältnissen« stand es damals mit der Schulbildung weniger gut. Sie konnten bereits ab dem 10. Lebensjahre zum Zwecke der Arbeitsleistung sommertags vom Schulbesuch befreit werden. Was auch geschah. In einer »Regelung« der »Abtheilung für Kirchen- und Schulwesen« der Königlichen Regierung zu Schleswig vom 5. Januar 1871 wird bestimmt:

»§3. Schulpflichtige Kinder, welche am Schluß der Winterschule das 10. Lebensjahr vollendet haben, können vom Schulbesuch während des laufenden Sommerhalbjahres auf längere Zeit als 4 Wochen oder gänzlich dispensirt werden, wenn

a. beschränkte Vermögensverhältnisse es nöthig machen, daß sie von ihren Eltern oder Versorgern zum Viehüten, zur Schiffahrt oder zur Beihülfe bei häuslichen, landwirthschaftlichen oder gewerblichen Arbeiten auch während der Schulzeit benutzt oder zu solcher Verwendung in fremden Dienst oder Tagelohn gegeben werden, wenn ferner

b. die Kinder bisher und namentlich im letzten Winterhalbjahr die Schule pünktlich und regelmäßig besucht und ein gutes Betragen gezeigt haben, wenn sie endlich

c. vor vollendetem 12. Lebensjahr wesentlich ohne Anstoß lesen können, das Einmaleins auswendig wissen, in den 4 Species mit benannten und unbenannten Zahlen geübt sind und, sofern sie dem lutherischen Bekenntniß angehören, die 3 ersten Hauptstücke des Lutherischen Katechismus sicher dem Gedächtniß eingeprägt haben;«

Merke: Vom Verbot der Kinderarbeit war zu der Zeit keine Rede.

In Personalunion: Organist – Küster – Lehrer

»Die Organisten-, Küster- und Schulstelle in Gettorf ist vacant. Bewerber werden aufgefordert, ihre Gesuche nebst beglaubigten Abschriften der Zeugnisse innerhalb 14 Tagen an das unterzeichnete Patronat einzusenden.

Die Einnahmen dieser Stelle sind: freie Wohnung nebst Garten, freie Feuerung, Nutznießung von circa 6 ½ Hectar Land mit größtentheils freier Bearbeitung, Baargehalt aus der Schulkasse 180 Thlr.

Legatengelder circa 34 Thlr., Lieferung von circa 99 Zentner Hafer, 32 Kilogr. Roggen, 480 Hafergarben, 120 Knock Flachs, 91 Bröten, 14 Mettwürsten und circa 15 Thlr., sowie circa 40 Thlr. Accidentien, 20 Thaler Feuerstellengeld, circa 33 Thlr. aus der Kirchenkasse und 6 Thlr. vom Gute Gr. Königsförde.

Es ist ein Unterlehrer zu halten und die Befähigung zum Orgenspiel zu documentiren.

Bemerkt wird, daß die reine Einnahme vom jetzigen Inhaber außer Wohnung und Feuerung auf circa 900 Thlr. geschätzt ist.

Lindau, den 30. November 1872

Das Patronat der Gettorfer Kirche und Schule.

Aug. v. Ahlefeld«

(Aus: »Amtsblatt der Königlichen Regierung zu Schleswig« vom 6. Dezember 1872)

Kirche St. Jürgen zu Gettorf

Granitquader, Feldsteine, großformatige Backsteine - dem tragenden Außenmauerwerk der Kirche St. Jürgen in Gettorf sieht man das ehrwürdige Alter an. »Stattlicher gotischerBacksteinbau des 13./14. Jahrhunderts» erläutert die »Kunst-Topographie Schleswig-Holstein«. In Gettorf wird berichtet, der schiffbreite, 64 Meter hohe Turm mit achtseitigem Helm sei in der Zeit 1438 - 1491 gebaut worden, errichtet auf 2 1/4 Meter breiten Mauern der einstigen Wehrkirche.

Vormals war Gettorf ein vielbesuchter Wallfahrtsort. Pilger kamen aus dem gesamten Land. Um 1500 soll der Andrang der frommen Wallfahrer derart gewesen sein, daß an der Kirche zeitweilig 30 Geistliche gleichzeitig tätig waren. Böse Zungen behaupten, ein Teil der Pastorenschaft sei vornehmlich damit beschäftigt gewesen, die dargebrachten Bittopfer einzusammeln. Jedenfalls wird der Gettorfer Kirche der damaligen Zeit großer Reichtum nachgesagt.

Aus jener Epoche um 1500 stammt der spätgotische vergoldete Schnitzaltar. Die Kanzel von 1598 mit Korb, Schalldeckel und Treppe ist ein Werk von H. Gudewerdt d.Ä. - allerfeinste Renaissance-Schnitzkunst.

Die Kirche St. Jürgen ist Gettorfs ältestes und bedeutendstes Bauwerk, außen wie innen.

Nicht nur Gottesdienste finden hier statt, sondern auch Konzertveranstaltungen. Der Klang der Marcusen-Becker-Orgel wird gerühmt. Für musikalische Sonderveranstaltungen und für Kirchenführungen zeichnet Claus Hein verantwortlich. Er ist an St. Jürgen Organist, Diakon und - wie die Redakteurin der »Kieler Nachrichten«, Brigitte Rumpf, schreibt, - der »gute Kirchengeist«.

Zitat

»Auch muß das Gesinde zum fleißigen Kirchengehen wechselweise angehalten werden, um auch für ihre Moralität bedacht, der Sittenlosigkeit entgegen zu wirken«.

(Gutsbesitzer A. Merkel im Jahre 1829 in seinem Buch »Der Wirtschafter« - eine Anleitung für landwirtschaftlich Verwalter)

Der Kirchturm von St. Jürgen zu Gettorf

Der Teufelsstein

Mit den Kirchen hat der Teufel noch nie etwas im Sinn gehabt. Verständlich, wird in den Gotteshäusern doch auch den Engeln gehuldigt. Und die haben dem Teufel bekanntlich schon häufig die Tour vermasselt.

In seinem Ärger hat der teuflische Bösewicht manchmal versucht, der einen und anderen Kirche gehörig Schaden zu machen. Wie damals, als er den größten Findling des Dänischen Wohldes aufsammelte und ihn mit mächtigem Schwung Richtung Gettorfer Kirchturm warf. Der diensthabende Kirchenschutzengel war aber hellwach zur Stelle und bog den Turm ein wenig zur Seite. Gerade so viel, daß der tonnenschwere Teufelsstein haarscharf vorbeiflog.

Bei Ruckforde ist der Riesenfindling aufgeschlagen und liegengeblieben. Dort, an der Straße zwischen Revensdorf und Groß-Königsförde, kann er, von Eichen im Halbkreis umstanden, noch heute besichtigt werden.

Weil der Engel den Gettorfer Kirchturm zur Seite bog, ist dieser etwas schief geblieben. Nur Leute, die nicht an Teufel und Engel glauben, behaupten, der Turm sei gar nicht schief. Das sähe infolge der Dachkonstruktion aus einer bestimmten Entfernung und einem bestimmten Blickwinkel nur so aus.

Der Teufelsstein von Ruckforde

Schöne kleine Straße

Auch durch den Dänischen Wohld wurden sie gebaut, die geraden, breiten, schnellen Straßen. Der Verkehr machte es nötig.

Aber es gibt auch noch die anderen, die kleinen Straßen und Wege, die sich – dem natürlichen Profil der Landschaft folgend – hineinkuscheln in die schöne Welt der Senken und Hügel, der welligen und der geneigten kleinen Ebenen. Auf und ab verlaufen diese Wege, mit Kurve links und Kurve rechts. Schmal sind sie und oft noch zusätzlich eingeengt durch Knicks.

Die kleine Straße, die in der Borghorster Kurve von der B 76 abgeht Richtung Borghorst und von dort über Krummland nach Lindhöft führt, ist eine solche Strecke. Die Landschaft ist vom Feinsten, mit immer wieder weiter Sicht über die großen Felder von Gut Borghorst und mit einem kleinen Waldabschnitt durch das »Große Holz«. Die hohen Bäume begleiten die Straßen wie in einer Allee.

Dann, etwa auf halber Strecke zwischen Borghorst und Lindhöft, geht es abwärts, hinab in das Tal der Kronsbek, die die Straße quert. Die kleine Brücke darüber lohnt eine nähere Betrachtung – seitlich von unten. Die tragenden Elemente sind aus Quader- und Feldsteinen sorgsam aufgeschichtet. Vermutlich zu Vor-Vor-Väter-Zeiten.

Schließlich die Einfahrt nach Lindhöft. Von der Höhe ist hier bei klarer Sicht ein schöner Ausblick auf die Ostsee zu genießen.

Landschaft

Strandwanderung

7. Dezember. Hochdruckwetter verspricht das Barometer. So ist es. Die Luft steht still, kein Wind weht. Aber eine geschlossene Hochnebeldecke läßt die Sonne nicht durch. Am Strand bei Aschau ist, über die Eckernförder Bucht hinweg, die Küste von Schwansen nur schemenhaft zu erkennen. Das Grau des Himmels spiegelt sich wider im Ostseewasser. Es ist kalt. Bei dem fehlenden Wind gluckern und plätschern kleine Dünungswellen nur ganz leise und sachte auf den Strand. Im feuchten Sand die Trittspuren von Seevögeln. Der Strand ist menschenleer. Die Campingplätze hinter dem niedrigen Dünenwall sind verlassen.

Einige Herbststürme der vergangenen Wochen aus Ost/Nordost mit hochauflaufenden Wasserständen haben den Strand bis zum Fuß des Dünenwalles neu und reicht »dekoriert«. Seegras und Seetang in den unterschiedlichsten Arten, Formen und Farben lassen erkennen, was alles im Meer heranwächst. Und Muschelschalen. So viele, so schöne, wie sie im Sommer nicht zu entdecken sind. Kleine rötliche und gelbe Plattmuscheln. Die größeren weißen Schalen der Klaffmuschel, manche noch als naturgegebener Zweierpack zusammenhängend. Die ebenfalls weißen, stärker gerippten Schalen der Herzmuschel. Dazu Miesmuscheln über Miesmuscheln.

Dazwischen gemusterte, gemaserte und unifarbene Steine im handlichen Sammelformat. Manche sind mit der unendlichen Geduld der Natur in ewig-langen Zeiten von Wasser, Sand und Wellenschlag rund und absolut glatt geschliffen.

Strandwanderungen sind interessant. Und erholsam. Auch oder besonders an einem grauen, stillen Dezembertag.

Wintertag an der Ostseeküste

Schneeloser Wintertag auf den Niederungswiesen bei Aschau

»Kleines Paradies«

Befragt, was denn seine Gemeinde Noer, mit der zugehörigen Ortschaft Lindhöft, dem Gast zu bieten hat, berichtet Bürgermeister Erwin Thomsen ausführlich und spürbar mit viel innerer Beteiligung.

»4 ½ Kilometer Strand«, sagt er, »bieten Platz für alle. Für die Badegäste zur einen, für die Surfer zur anderen Seite.« So ist Lindhöft/Noer in Surferkreisen auch längst mehr als nur ein Geheimtip. Das früher manchmal leidige Parkplatzproblem bekäme man durch neu ausgewie-

Ostsee mit der hier besonders interessant gestalteten Küstenformation, das Schloß Noer mit seinen modernen Nutzungsmöglichkeiten für Jugend- und andere Gruppen, Gräfin Rantzau wohne auch in der Gemeinde, die drei Gaststätten seien zu empfehlen.

Aus allen Ausführungen, vor allem aus den »Zwischentönen« wird deutlich, wie sehr sich Bürgermeister Erwin Thomsen und seine Gemeindevertreterinnen und Gemeindevertreter bemühen, sowohl einem dosierten Fremdenverkehr als auch dem Schutz einer intakten Natur und Umwelt gerecht zu werden. Originalton Bürgermeister Thomsen: »Wir haben hier noch viel unberührte Natur. Die gilt es zu erhalten. Aber wir sind auch eine wirtschaftlich schwache Region. Der Fremdenverkehr ist da hilfreich.«

Der Chronist ist ausführlich wandern gegangen, in Noer und Lindhöft, an der zugehörigen Strecke der Ostseeküste, in der näheren Umgebung. Er bestätigt gern: Hier sind Natur und Fremdenverkehr offensichtlich im Einklang. Küste und Landschaft gehörten zur Kategorie »Kleines Paradies«.

Steilküste – Strand – Ostsee bei Noer

sene Flächen in den Griff. Eine Zimmervermittlung habe man selbstverständlich auch und vor allem drei sehr beliebte Campingplätze. Dann sei da noch das Naturschutzgebiet »Bewaldete Düne Noer«, wo der Hochwald bis an die Küste reicht. Und überhaupt die doch einmalige

Herrschaft Noer

»Der Weg nach Noer führt durch die üppigsten Felder und Auen, eingefaßt durch buschige Hecken von Haselnüssen und Brombeeren; überall ragen aus blühenden Gärten die hohen Dächer hervor, auf den Straßen, im fetten Erdreich, weht kein Staub. Noer ist kein Dorf, nur eine Herrschaft von 12000 Morgen. Das Schloß, 1722 erbaut, ohne architektonischen Schmuck, steht in einem weiten Park. (...) Auf einer Spazierfahrt durch die zur Herrschaft gehörigen Ortschaften, Wiesen und Wälder sahen wir viel Wild (...) Das Baden im Meer ist sehr bequem; ein Badekarren steht zu meiner Verfügung.«

(Aus einem am 1. August 1874 auf Gut Noer verfaßten Brief von Wilhelm Gentz an seine Frau. Veröffentlicht in »Wanderungen durch die Mark Brandenburg« von Theodor Fontane.)

Idyll in Noer

Erlebnis Ostsee

Die Ostseeküste reicht weit. Von Altenhof über Aschau, Lindhöft, Noer, Surendorf, Dänisch Nienhof, Stohl und Strande bis Schilksee und Falkenstein. Mal Steilküste, mal flacher Sandstrand, mal niedriger Dünenwall. Steinig hier, feinsandig dort. Lebhafte Kurstrände wechseln mit lauschigen Winkeln. Passender Platz ist für alle. Für Familien mit kleinen und mit größeren Kindern, für Senioren und für verliebte junge Pärchen. Für Strandlieger und Strandläufer mit und ohne Textil.

Ostseeküste nicht nur zur Sommerzeit. Diesem Motto huldigen - wandernd und tief durchatmend - immer mehr Leute. Von wegen der Gesundheit. Und auch, weil die Ostsee sich immer wieder anders zeigt. Tiefblau heute, jadegrün morgen, dann grau oder weißschäumend. Von spiegelglatt für sturmgepeitscht. Wolken und Sonnenstand, die Jahreszeiten, Wind, Sturm oder Windstille, auch Regen, Nebel und Schnee und Frost bestimmen das wechselnde Aussehen des Meeres.

Morgenstimmung an der Ostseeküste bei Bülk

Wer erlebte, wie in sternenklarer, windstiller Nacht der Vollmond sich im Ostseewasser spiegelte, vergißt es nicht. So wenig, wie den von der Steilküste aus beobachteten Sonnenauf- oder Sonnenuntergang über See.

Weiter Ostseestrand zwischen Bülk und Stohl

Sonnenuntergang über See

Wo das Land endet

Abrupt endet das Land, fällt 10, 20 auch 30 Meter steil ab zu Ostsee. Nur der Strand ist vorgelagert. Bei Hochwasser ist auch der überspült. Dann kommen Land und Meer unmittelbar zueinander.

Die Steilküsten des Dänischen Wohldes: Natur in beeindruckender Form, in mächtiger Größe, in imponierender Schönheit.

Steilküste

Die Geschichte von Sophie und Henriette

Mit dem Herkommen des alten feinen Adels ist das gelegentlich auch so eine Sache ...

König Christian V. von Dänemark (1646 - 1699) war »richtig« verheiratet mit der Landgrafentochter von Hessen-Cassel, Charlotte-Amalie. Zwecks Ergänzung von Liebe und Lust pflegte er nebenher ein Dauerverhältnis mit der Tochter des königlichen Leibarztes, mit Sophie Moth.

Die hatte es, wie es in einem dänischen Buch geschrieben steht, verstanden, »seit ihrem 16. Lebensjahr ihr Schicksal mit jenem des Königs zu verbinden.« Im Jahre 1676 erhielt sie den Titel »Official Maitresse«, sie war die erste dieser Art in Dänemark. So kamen zu den sieben ehelichen Königskindern im Laufe der Zeit noch einige uneheliche von besagter Maitresse Sophie.

Sie erhielt vom König die Insel Samsoe im Kattegat zum Geschenk und wurde in den erblichen Adelsstand erhoben, als Gräfin von Samsoe. Ihr unehelicher, wenn auch väterlicherseits königlich-blaublütiger Sohn wurde so Begründer der Linie Danneskiold-Samsoe, eines Adelsgeschlechtes, das in Dänemark viel Macht, Ansehen und materielle Werte erwarb.

Einer im Jahre 1806 Spätgeborenen aus diesem Geschlecht, der Henriette Gräfin Danneskiold-Samsoe, verheiratete Prinzessin zu Schleswig-Holstein-Sonderburg-Augustenburg, ist auf dem Friedhof in Krusendorf eine Gedenktafel gewidmet. Nicht von ungefähr: Das nur drei Kilometer entfernte Gut Noer mitsamt dem schönen Schloß gehörte ihrem Mann, dem Friedrich Ernst August, Prinz zu Schleswig-Holstein-Sonderburg-Augustenburg.

Henriette, geborene Gräfin Danneskiold-Samsoe, Nachfahrin der königlichen Official-Maitresse Sophie Moth, starb bereits im Alter von 52 Jahren. So ist es nachzulesen auf dem Krusendorfer Friedhof, gleich neben der Kirche mit dem charakteristischen Helmturm.

Küstenwanderung und Kirchenbau

Die Steilküste wandert landeinwärts, sehr, sehr langsam zwar, aber doch stetig. Quellwasser, Regen und Frost, dazu Brandungswellen und Hochwasser der Ostsee führen zu Auswaschungen und Abbrüchen.

So war um 1730 die Steiluferkante bedrohlich nahe an die alte Krusendorfer Kirche am Jellenbek herangerückt. Das Gotteshaus drohte in absehbarer Zeit in die Ostsee zu stürzen.

Kirchenpatron Joachim von Brockdorff, Gutsherr auf Noer und Grönwohld, mußte die Kirche abreißen lassen.

Zuvor jedoch sollte eine neue errichtet werden, einen Kilometer weiter landeinwärts. Am 12. November 1733 erfolgte die Grundsteinlegung. Drei Jahre später, 1736, war das Werk vollendet, die Kirche drinnen und draußen, einschließlich Turm, fertiggestellt.

Nur Gottesdienst konnte darin nicht gehalten werden. Weil Josias von Qualen, Gutsherr auf Borghorst und Behrensbrook, Einspruch erhob gegen die Sitzverteilung im neuen Gotteshaus. Qualen meinte, seine Untergehörigen, die Bewohner von Stubbendorf, säßen zu weit hinten, könnten den Pastor nicht sehen und hören.

Kirchenpatron von Brockdorff beurteilte das anders. Es kam zum Streit, dann zum Prozeß. Und dergleichen dauert. Über ein Jahr blieb die völlig fertiggestellte Kirche deshalb gänzlich ungenutzt.

Schließlich war die Kirchengestühl-Sitzverteilung geregelt. Im Dezember 1737 wurde die neue Krusendorfer Kirche eingeweiht. Der erste Gottesdienst konnte beginnen.

Die Kirche zu Krusendorf

Wieso eigentlich Schwedeneck?

Es gibt: eine Telefon-Vorwahl-Nummer, eine Postleitzahl, eine Kurverwaltung, eine Gemeindevertretung und eine Gemeindeverwaltung Schwedeneck. Einen Ort Schwedeneck gibt es nicht.

Das kam so:

Am 27. Dezember 1927 löste das preußische Staatsministerium des Innern bestehende Gutsbezirke auf. Die Gebietsreform bestimmte, daß die bisherigen Gutsbezirke Dänisch Nienhof, Hohenhain, Grönwohld und Birkenmoor zu einer politischen Landgemeinde zusammenzuschließen seien.

Dafür bedurfte es eines Namens. Lange, gründlich und kontrovers wurde beraten und verhandelt. Schließlich einigte man sich auf Schwedeneck. Der historischen Bezüge wegen. Die drei folgenschweren Auseinandersetzungen der europäischen Völker,

- der Dreißigjährige Krieg (1618 - 1648)
- der Schwedisch-Polnische Krieg (1655 - 1660)
- der Nordische Krieg (1700 - 1721)

betrafen auch die Bewohner des Dänischen Wohldes. Der östliche, direkt an der Ostsee gelegene Teil der jetzigen Gemeinde Schwedeneck soll für die Schweden eine Art Brückenkopf gewesen sein, über den Soldaten und Material angelandet wurden. Seither wurde über die Jahrhunderte hinweg diese Gegend ganz allgemein

in der Bevölkerung als »Schwedeneck« bezeichnet.

Mit Beschluß der Staatsregierung von Preußen vom 21. September 1928 wurde mit Wirkung vom 30. September 1928 die politische Gemeinde Schwedeneck gegründet. Sie besteht aus den »Orts«-Teilen (sprich Dörfern, Siedlungen und Gütern) Grönwohld, Krusendorf, Elisendorf, Jellenbek, Surendorf, Haschendorf, Dänisch Nienhof, Birkenmoor, Kuhholzberg und Sprenge.

Zitat

»Wir Schwedenecker garantieren, daß die klassischen Tugenden Schleswig-Holsteins, wie Ruhe und Naturnähe, gute und reine Luft und sauberes Wasser, vertraute Heimatlichkeit und gutes Essen bei uns noch vorhanden sind.«

(Aus einem Info-Schreiben der Kurverwaltung Schwedeneck, 1997)

Die Ostsee ruft

Am Strand von Surendorf

Frühstart ins Campingleben

Camper Rolf ist jedes Jahr im April einer der ersten, »wenn es wieder losgeht.«

Sein Motto für den Frühstart ins Campingleben: »Nie ist die Luft frischer als jetzt. Strand und Küste entlang gewandert bis Dänisch Nienhof oder bis Stohl und retour, und der ganze lange Winter ist vergessen.« Gelegentliche kräftige Aprilregenschauer und heftiger Wind schrecken weder ihn noch seine Frau. Wahre Camper, so wird versichert, seien bekanntlich wetterfest.

Und warum gerade hier, auf dem Campingplatz Schwedeneck, oberhalb der Steilküste von Surendorf? Seine Frau antwortet in Stichworten: »Ostsee, Sandstrand, Steilküste, Felder, Knicks, Buchenwald und immer reine Ostseeluft.«

Laut Lageplan gibt es auf diesem Campingplatz 419 Stellplätze. Dennoch ist zur Hauptsaison manchesmal »voll Haus«.

Zu den Campern und den Urlaubern aus Hotels, Pensionen, Ferienwohnungen und Privatzimmern kommen dann noch die Tagesgäste.

„Straße" auf dem Campingplatz Surendorf

ke der feinsandigen und der naturbelassenen Strände der Gemeinde Schwedeneck - von Krusendorf bis Stohl - beträgt 16 Kilometer.

Der Vollständigkeit halber: Die Küste entlang, von Noer über Lindhöft, Aschau bis Altenhof, befinden sich weitere Campingplätze. Ebenfalls in bester Ostseelage.

Rast auf der Steilküste

Auch unsere Vorfahren

»Die Bestattungsweise in der ältesten Bronzezeit gleicht derjenigen der jüngeren Steinzeit. Man begrub die Leichen auf Anhöhen in Steinkammern, über die man hohe Erdhügel wölbte.« So schrieb Rektor Schmarje im Jahre 1904 in seinem Buch »,Die Provinz Schleswig-Holstein«.

Und also entstanden die charakteristischen Hügelgräber. Im mittleren Abschnitt der mittleren europäischen Bronzezeit, etwa 1600 bis 1400 v. Chr., war diese Bestattungsform vorherrschend. Sie wird deshalb auch als Epoche der Hügelgräberkultur bezeichnet. Ungezählte Hügelgräber des Dänischen Wohldes sind verschwunden. Durch Unverstand, durch Straßen- und andere Baumaßnahmen oder weil sie einer effektiveren Feldbestellung »im Wege standen«. Einige aber sind noch immer zu bewundern. Seit dreiein-

halb Jahrtausenden - oder auch länger. Sie sind der sichtbare Beweis, daß diese Landschaft - unendlich lange bevor Siedler Gutshöfe bauten, Kirchen errichteten, Dörfer entstehen ließen - schon bewohnt war. Und irgendwie sind sie, die in diesen Hügelgräbern ruhten, auch unsere Vorfahren.

Hünengrab bei Birkenmoor

Hügelgräber: Fragen bleiben

Zwei Hügelgräber, dicht beieinander. Einige alte, knorrige, windzerzauste Buchen und Eichen stehen darauf, so, als ob sie die Gräber der Vorzeit bewachen.

Auf dem hinteren Hügel liegt ein Teil der steinernen Grabkammer offen.

Felsblöcke mit dem Gewicht vieler Zentner wurden hierher transportiert, aufgestellt und schließlich mit einem mächtigen tonnenschweren Deckstein abgedeckt.

Wie haben die Menschen der Bronzezeit (oder der Steinzeit?) diese enormen Kraftleistungen nur vollbracht? Ohne technisches Hebegerät, ohne moderne Transportfahrzeuge. Hat hier eine ganze Sippe zu Ehren ihrer Toten unvorstellbar geschuftet? Oder waren Spezialtrupps am Werk, die in Praxis vertraut waren mit Hebelgesetzen, den Möglichkeiten der schiefen Ebene, dem Rollen schwerster Lasten auf maßgeschnittenen Abschnitten rundgewachsener Baumstämme? Es bleibt Staunen und Hochachtung vor dem Können unserer Ur-Ur-Ur-Ahnen.

Und wer wurde hier bestattet? Das Oberhaupt einer Sippe? Edle Frauen? Tapfere Krieger? Jedem Stammangehörigen wurde eine solche großartige Steinkammerbestattung wohl nicht zuteil - bei dem Arbeitsaufwand.

Es bleiben viele phantasieanregende Fragen. Das macht Hünen- und Hügelgräber zusätzlich interessant.

Fundstelle: Die beiden vorgenannten Hügelgräber befinden sich auf einem Acker, dort, wo die von Kaltenhof kommende Straße auf die Straße Osdorf - Sprenge trifft.

Teilweise abgetragenes Hügelgrab

Gesucht und gefunden

Hügelgräber sind Steinkammergräber mit Erdabdeckung, Hünengräber solche ohne Abdeckung.

Die Wanderkarte Kreis Rendsburg-Eckernförde, Blatt Nord, Maßstab 1:50 000, herausgegeben (und verkauft) vom Landesvermessungsamt Schleswig-Holstein in Kiel, leistet demjenigen gute Dienste, der diese Denkmale aus der Vorzeit für sich entdecken möchte. Die Karte verzeichnet die Standorte der noch erhaltenen Hünen- und Hügelgräber exakt. Besonders viele befinden sich in der Umgebung von Birkenmoor.

Manche dieser Großgräber stehen auf dem freien Feld und sind daher zumindest während der Vegetationsperiode für den ganz nahen Besuch zum Teil nicht zu erreichen.

Offene Steinkammer eines Hügelgrabes

Knorrige Bäume als „Wächter" auf dem Hügelgrab

Die »Dänischenwohlder«?!

Angeliter, Lauenburger, Inselfriesen, Eiderstedter, Dithmarscher sind - neben anderen - jeweils in der namensgebenden Landschaft beheimatete schleswig-holsteinische Bevölkerungsgruppen. Ihnen werden unterschiedliche spezifische Wesensmerkmale zugeordnet. Und wahrhaft »eingeborene« Angeliter, Dithmarscher (und so weiter) bleiben lebenslänglich Angeliter, Dithmarscher (und so weiter) - selbst wenn sie inzwischen in München, Madrid oder Manhattan wohnen sollten.

Dänischenwohlder gibt es nicht. Jedenfalls nicht im Sinne einer bisher bereits beschriebenen, typischen, von anderen an bestimmten Identitätsmerkmalen abgrenzbaren Bevölkerungsgruppe. Oder hat je jemand einen hiesigen Bewohner getroffen, der mit aller Selbstverständlichkeit sagte: »Ich bin ein Dänischenwohlder«?

Also, es gibt sie nicht. Schade eigentlich.

Über die Ursachen kann gerätselt werden. Ist die Landschaft zu klein, um - salopp formuliert - einen »eigenen Schlag Menschen« mit gemeinsam empfundener Identität zu entwickeln? Möglich. Oder sind die hier früher über Jahrhunderte prägenden Gutsherrschaften mit deutlichem Abstand zwischen »wir hier oben« und »ihr da unten« ursächlich? Auch möglich.

Wenn es also schon keine stets wiedererkennbaren Dänischenwohlder gibt - wie sind sie denn, die Menschen, die hier wohnen und leben? Antwort: Unterschiedlich, in jeder Weise, wie Menschen nur sein können.

Aber so hat der Autor die Dänischenwohlder (gibt es sie etwa doch?) immer wieder kennengelernt: Ruhig, eher abwartend, gegenüber »Fremden« anfangs zögerlich, freundlich, hilfsbereit, nicht anbiedernd, zuverlässig, arbeitsam, mit Sinn für wahre Gerechtigkeit.

Das ist doch etwas!

Beschließen und verkünden wir es, ihr Leute aus Gettorf, Strande und Dänischenhagen, aus Osdorf und Lindau, aus Alt- und Neuwittenbek, aus Stohl, Surendorf, Dänisch Nienhof, Borghorst, Holtsee, Sehestedt, Altenhof ... und all´ ihr anderen Bewohner dieser schönen Landschaft: Wir sind »Dänischenwohlder«.

Auch ein „Dänischenwohlder“

Osdorfer Vielfalt

Als spezieller Zielpunkt einer Besichtigungstour steht Osdorf vermutlich in keinem Programm. Vorzeigeobjekte des Prädikats »Das-muß-man-gesehen-haben« sind nicht auszumachen. Private, öffentliche, Wirtschafts- und Firmengebäude bilden in dem kleinen Ort ein baustilistisches Kunterbunt, einen ziemlichen Mischmasch.

Und doch, Osdorf hat Charme. Der offenbart sich bei behutsamer Annäherung, gewissermaßen auf den zweiten Blick.

Da steht - zum Beispiel - im Gildeweg Nr. 14 noch ein schönes altes Bauernhaus mit großflächigem Reetdach. Die beiden prächtigen Linden an der Hofeinfahrt ergeben ein grünes Tor.

Gleich daneben wurde der weiträumige, ganz flach gehaltene Baukörper des Alten- und Pflegeheimes Dänischer Wohld auf die Wiese gestellt. Kompliment dem Architekten und dem Bauherrn: Hier paßt sich ein modernes, wohlproportioniertes Bauwerk in die Landschaft ein.

Zwischen Bauernhaus und Altenheim verdient am Straßenrand ein besonders groß geratener Findling Aufmerksamkeit. Die eingemeißelte Inschrift lautet: »Flurbereinigung Osdorf 1959 - 1969«. Einige Schritte weiter dann das Haus Gildeweg Nr. 37, mit einer interessanten Fassade und einer Haustür der Marke »Fotomotiv«.

Dem fremden Spaziergänger geschieht Empfindungswechsel. Der Osdorfer Bautenmischmasch des ersten Eindrucks wandelt sich zu einer beachtlichen Vielfalt, in der sämtliche Baustile (einschließlich Bausünden), alt und modern, sachliche Zweckbauten und individuell gestaltete Eigenheime, ein -merkwürdig genug - harmonisches Ganzes ergeben.

Vor der kleinen, modernen Vater-unser-Kirche am Weberberg verkündet eine holzgeschnitzte Tafel mit Schleswig-Holstein-Wappen und Eichenblättern von Wettbewerbserfolgen: »Das schöne Dorf 1984«.

Es scheint, als ob sich Osdorfs Einwohner dieser Auszeichnung weiterhin verpflichtet fühlen. Die gepflegten, blumenbunten Vorgärten vor den vielen kleinen und größeren Eigenheimen legen dafür Zeugnis ab.

Auszeichnung „Schönes Dorf" Osdorf

DAS SCHÖNE
19 · DORF · 84

Räucherkate Osdorf

»Aber natürlich kenne ich mich bestens aus mit der Schinken- und Wursträucherei«, sagt Marga Logaida, die muntere Seniorchefin der Lohnräucherei Osdorf. Das verwundert nicht, schließlich wurde sie in der reetgedeckten Räucherkate geboren. Das war vor mehr als 70 Jahren. Im oberen Giebeldreieck der Kate ist die Jahreszahl 1680 zu lesen.

Geräuchert wird hier noch immer nach guter alter deutscher Art. Drei bis vier Monate braucht der Schinken im wohldosierten Rauch, mindestens einmal umgehängt von vorn nach hinten, daß heißt, von anfangs stärkerem zu dann schwächerem Rauch. Und vier bis fünf Wochen ist der Schinken in der Salzlake vorher ordentlich gepökelt worden. »Schnellgepökelte Schinken kommen hier nicht rein«, befindet Marga Logaida, »die würden bei unserer klassischen Form des Räucherns auch schnell verderben.«

Neben der Lohnräucherei wird auch für eigene Rechnung, also zum Verkauf, geräuchert. Der Kunde kann Wurst und Schinken frisch aus dem Rauch kaufen. Und dabei mehr als nur einen Blick in die Räucherkate tun. In der rauchgeschwängerten Luft hängen Schinken, Speckseiten und Würste bis unter das Dach. Eine urige Atmosphäre.

Blick in die 'urige' Räucherkate Osdorf

Das Moor, die Gastwirtin und der Trojanische Krieg

Frage: Was hat eine bithyniesche Gastwirtin mit einem kleinen dänischenwohlder Niederungsgebiet, zwischen Osdorf und Felm, gemeinsam? Antwort: Den Namen.

Das abseits aller großen Straßen gelegene Stückchen Landschaft heißt - ganz amtlich, laut Landesvermessungsamt und Karte - St. Helenenmoor. Und ist folglich benannt nach Sankt Helene, der veränderten Sprachform von Helena. Diese Helena war - lehrt Meyers Kleines Konversations-Lexikon, Ausgabe 1914 - besagte Gastwirtin, zudem die Mutter Konstantin des Großen, ließ die Kirche zum Heiligen Grab in Jerusalem errichten und wurde zur Heiligen erklärt. Um 330 soll sie gestorben sein.

Zeitlich vor ihr lebte die Ur-Helena, die schöne Tochter von Zeus und Leda. Aber das ist griechische Mythologie, weniger Wirklichkeit. Intensiv hat sie - sagenhaft - gelebt und geliebt, diese Helena. Zuvörderst als Gattin von Menelaos, bevor sie sich von Paris nach Troja entführen ließ und damit den Trojanischen Krieg auslöste. Nach Paris Tod heiratete sie dessen Bruder Deiphobos. Troja wurde zerstört und Helena I. an den ersten rechtlichen Gemahl, den Herrn Menelaos, zurückgegeben.

Bis zum St. Helenenmoor, das damals ja noch nicht so hieß, sind beide, die Ur-Helena und die Sankt Helena, nicht gekommen. Die eine war mit klassischen Griechen zu sehr beschäftigt, die andere vermutlich mit ihrem - angeblichen - Kirchenbau.

Na ja: Attila war mit seinen Mannen ja auch nicht in hiesiger Region. Trotzdem heißt eine kleine Siedlung südwestlich von Felm: Hunnenberg.

Neuer Glanz

Formschöne weiße Holztore vor der mit hellem Kies bestreuten Zuwegung - schon das Entree zum Herrenhaus Borghorsterhütten hat (wieder) Stil. Das Gebäude, um 1900 nach Plänen des Kieler Architekten Schnittger gebaut, zeigt sich, liebevoll renoviert durch das Kieler Architektenbüro Ernst Stoffers und unter frischer hellgelber Farbe, im neuen Glanz. Über das rot eingedeckte Dach ragt der obere Teil eines Turmes empor, mit spitzem grünen Helm. Eine kleine Allee und ein angrenzendes gepflegtes parkartiges Gartengelände geben einen wirkungsvollen Rahmen.

Im neuen Glanz: Herrenhaus Borghorsterhütten

Empfehlenswert: Feuerwehrmuseum Birkenmoor

Auf Gemälden und Zeichnungen aus alter Zeit wird Feuerbekämpfung stets gleich dargestellt: Menschenketten geben wassergefüllte Behältnisse von Hand zu Hand, von der Schöpfstelle bis zum Brandherd. Auch der Feuerwehrschlauch wollte erst erfunden sein. Das geschah 1672 durch den Holländer van der Heyde, der erstmals den genähten Lederschlauch präsentierte. Im privaten - aber öffentlich zugänglichen - Feuerwehrmuseum des Oswald Wohlfahrt in Birkenmoor (Osdorfer Landstraße 23) ist ein Stück eines solchen alten genähten Lederschlauchs zu besichtigen. Gleich darunter kann der Teil eines genieteten Lederschlauchs betrachtet werden. Den hat anno 1809 der Hofkupferschmied Pflug in Jena erfunden.

Im Wohlfahrt´schen Feuerwehrmuseum werden auf mehr als 1000 Quadratmetern in Hallen, großen Bodenräumen und auf einem Freigelände über 3000 Exponate aus der Feuerwehrwelt gezeigt: Feuerwehroldtimer, Handdruckspritzen, Motorspritzen, Leitern, sowie eine Riesenauswahl Feuerwehrgerätschaften, wie eine umfangreiche Helmsammlung, Hakengurte, Löscheimer, Feuerwehrorden- und ehrenzeichen.

Die Rauchmaske von 1910 sieht einem Taucherhelm ähnlich. Der hölzerne, zweirädrige Hydrantenwagen aus dem Jahre 1873 läßt erkennen, mit welchen einfachen Mitteln früher die Brände bekämpft werden mußten. Den Unterschied zwischen der Krückenspritze von 1880 und der daneben stehenden Kübelspritze aus demselben Jahr erläutert der Museumsinhaber dem staunenden Besucher mit großer Kennerschaft.

Oswald Wohlfahrt kennt sich aus in dieser Materie wie kaum ein Zweiter. Einerseits, weil er selber viele Jahre lang Feuerwehrmann war. Andererseits, weil er jedes Stück der beeindruckenden Sammlung selbst erworben und beschafft, restauriert und instandgesetzt hat. Seine feuerwehrkundliche Buch- und Schriftensammlung vermittelt ihm zusätzliche Kenntnisse.

Eigentlich gibt es zu jedem Teil im Feuerwehrmuseum eine eigene Geschichte. Wie zum Pulverlöscher von einem Themseschlepper, zum ledernen Löscheimer von 1760 oder über die handdrehbare hölzerne Leiter (25 Meter) aus der Schweiz von 1923.

Feuerwehrmuseum Birkenmoor - Prädikat: empfehlenswert. Zwischen 1. Mai und 30. September ist mittwochs, sonnabends und sonntags von 9 - 17.00 Uhr geöffnet. Oder nach telefonischer Vereinbarung 04308-239.

Im Feuerwehrmuseum Birkenmoor

Naturschutzgebiet Kaltenhofer Moor

Im Kaltenhofer Moor soll niemand die schmalen, meist auf niedrigen Dämmen verlaufenden Wege verlassen, des Naturschutzes wegen. Es ist auch nicht anzuraten. Denn an manchen Stellen sieht der Boden aus wie trittfestes Land - ist er aber nicht. Wer zu neugierig ist oder die falsche Abkürzung wählt, kann mit naßen Füßen bis zum Knie rechnen. Günstigenfalls. Selbst auf Wegen ist leichtes Federn des Bodens bei jedem Schritt spürbar. Kein Zweifel, hier besteht der Untergrund aus Moor.

Idyllisch der Moorsee inmitten des kleinen Naturschutzgebietes. Dunkel und tiefgründig schimmert das Wasser. Das frühjahrsgrüne Laub der Birke am Uferrand spiegelt sich darin wider, aber nicht in hellem Grün, sondern fast schwarz.

Zur anderen Seite des Pfades sind bei genauem Hinsehen noch manche, nur wenige Meter lange und breite Löcher im Moorboden zu entdecken. Hier wurde wohl einst Brenntorf abgegraben. Inzwischen haben sich darauf wieder Pflanzen angesiedelt, zwischen denen aber noch brackiges, braunes Wasser steht.

Birken haben größere Flächen erobert. Naturschützer halten einige Strecken von diesem entwässernden Bewuchs frei. Das Moor als solches, als eine sehr besondere Landschaftsformation mit vielfältiger, sehr spezieller Flora und Fauna, soll erhalten bleiben.

Im Mai blüht Wollgras. Im Spätsommer reifen an einigen Stellen leuchtend rot die Moosbeeren.

Der kleine See im Kaltenhofer Moor

Waldinseln in der Landschaft

Der Name sagt es: Dänischer Wohld, das heißt Dänischer Wald. Vor rund 1000 Jahren, bevor hier gerodet und gesiedelt wurde, soll der Wohld die gesamte Halbinsel bedeckt haben. Buchen und Eichen standen angeblich so dicht, daß ein Eichhörnchen von der Kieler Förde bis zur Eckernförder Bucht von Ast zu Ast springen konnte, ohne jemals den Boden berühren zu müssen.

Von diesem einst riesigen, dichten Wald sind nur bescheidene Reste geblieben. Holliner Holz und Knooper Holz südöstlich von Felm, der Forst Stodthagen nördlich dieses Ortes, Gehege Lehmrott und Hegenwohld in der Nähe von Noer, das Schnellmarker Holz bei Altenhof, das Große Holz bei Borghorst, der Königsförder Wohld, das Kluvensieker Holz bei Sehestedt, das Scharfenholz bei Groß-Königsförde sind einige dieser noch vorhandenen kleinen Wälder in der Landschaft. Dazu kommen noch eine ganze Anzahl minikleiner Guts- und Bauernwaldstückchen.

Weil sich diese Waldinseln landschaftsschmückend über die gesamte Halbinsel verteilen, entsteht nirgends der Eindruck von Waldarmut. Im Gegenteil. Wohin man auch blickt, fast immer ist - mal näher, mal ein wenig ferner - ein kleineres oder größeres Waldstück zu sehen.

Abgerundet wird das Waldbild durch viele, viele einzeln und in kleinen Gruppen stehende altehrwürdige landschaftsprägende Eichen und durch feld- und wegesäumende Knicks.

Fazit: Baum und Busch wird im Dänischen Wohld niemand vermissen. Schattige Waldspaziergänge sind überall möglich.

Harmonisches Gepräge

»Das Land zwischen der Eckernförder Bucht und dem Kanal hat den heute allerdings nicht mehr zutreffenden Namen »Dänischer Wohld«. Erstens ist es nicht mehr dänisch (...) und zweitens ist der Wohld - der Wald - geschrumpft. Was man aber an, meist verstreut in das Feld- und Wiesengelände eingesprengten, Waldparzellen heute noch vorfindet, ist reizvoll genug, den Wanderer in Stimmung zu versetzen und der Landschaft ein liebliches, harmonisches Gepräge zu geben.«

(Aus: »Das Schleswig-Holstein-Buch« von Michael M.v.d.L.-Rupertus. 1922)

Hohe Buchen auf der Steilküste

Waldweg

Herbstfarben im Wald

Der dänische Franzose auf Rathmannsdorf

In der langen Reihe der Gutseigentümer in Rathmannsdorf taucht - ab anno 1713 - auch der Name Desmercieres auf. Der gehörte nicht zum einheimischen Adel. Desmercieres - das klingt französisch. Das ist es auch. Franzosen, hier, im Dänischen Wohld?

Die Sache ist so:

Zu der Zeit, da der König von Frankreich die Hugenotten ihres Glaubens wegen verfolgte, floh ein Mann namens Jean Henri Huguetan nach Dänemark, erwarb dort als Kaufmann durch Heirat Geld, Besitz und Ansehen und brachte es zum dänischen Lehensgrafen von Güldenstein. In Paris hatte er einen nichtehelichen Sohn. Mit einer Hutmacherin, wie berichtet wird. Wobei auffällt, alle unehelichen Mütter in Paris waren zu der Zeit arme Hutmacherinnen. Jedenfalls wohnte diese in der Rue des Mercieres. Diese Straßenbezeichnung wurde zum Nachnamen des unehelichen Kindes erwählt.

Der Vater kümmerte sich um Ausbildung und Fortkommen des Sohnes, der es »zu etwas brachte« und sich schließ1ich auch in Dänemark niederließ. Dort wurde er Bankdirektor und einer der reichsten Männer seiner Wahlheimat.

Der französisch-dänische Herr Desmercieres erwarb - zum Teil zusammen mit seinem Vater - viele Ländereien und Güter. Auch im Dänischen Wohld, wie Rathmannsdorf, zusammen mit Warleberg.

Forsthaus Stodthagen

Am alten Kanal

Er hieß mal Schleswig-Holstein-Kanal, mal Eiderkanal, je nach den Wechselfällen Schleswig-Holsteinischer Geschichte. In den Jahren 1777 bis 1784 erbaut, ermöglichte er die erste, auch für Seeschiffe passierbare künstliche Wasserstraßenverbindung zwischen Ost- und Nordsee. Seeschiffe bis 300 Tonnen Ladegewicht konnten passieren, mußten nicht mehr die gefährliche Passage um Skagen herum wählen.

Erst mit der Eröffnung des breiteren, tieferen Nord-Ostsee-Kanals im Juni 1895 hatte der Eiderkanal ausgedient.

Einige Reststücke dieser ehemals bedeutendsten künstlichen Wasserstraße Europas sind im Dänischen Wohld erhalten. Am bekanntesten - neben dem ehemaligen Packhaus in Holtenau - ist die Rathmannsdorfer Schleuse. Oder jedenfalls das, was davon übrig blieb. Das ist vor allem die aus Granitquadern und Ziegeln aufgemauerte Hauptkammer mit 35 Meter Innenlänge und 7,8 Meter Innenbreite. Die einstigen Schleusenflügeltore, aus Eichenholz gefertigt, haben die Zeiten allerdings nicht überdauert. Wohl aber ein Abschlußstein zur Erinnerung an den Schleusenbau. Seine schlichte, eingemeißelte Inschrift: »ANNO MDCCLXXXI“, das ist 1781.

Etwa zwei Kilometer noch vorhandene Kanalstrecke schließen sich - Richtung Projensdorf - an die Rathmannsdorfer Schleuse an. Ein lauschiger Wanderpfad führt am Ufer entlang, dort, wo einst Schiffe getreidelt wurden, wenn der Wind für die Segel ungünstig stand oder gänzlich fehlte.

Auch bei Gut Rosenkranz zeugen noch ein paar hundert Meter Eiderkanalstrecke von der überragenden wasserbautechnischen Leistung vor mehr als 200 Jahren.

Die ehemalige Rathmannsdorfer Schleuse des alten Eiderkanals

Der Eiderkanal

»Der Eiderkanal verband mittelst Eider die Ostsee und Westsee. Die Strecke Kiel -- Rendsburg war durch Kanalanlage schiffbar gemacht, während die Schiffahrt von Rendsburg bis Tönning durch Regulierung und Vertiefung der Eider ermöglicht wurde. Der Bau wurde 1777 angefangen und in 7 Jahren vollendet. Zur Herstellung dieser für damalige Zeit bedeutenden Verkehrsstraße wurden die Flußbetten der Levensau und der Eider mit benutzt. Der Westensee und Flemhuder See bildeten die großen Wasserbehälter zur Speisung des Kanals. Für die Linie Kiel - Rendsburg waren 6 Schleusen erforderlich, um den Abfluß des Wassers zu verhindern und die Schiffe von einer Kanalstrecke zur anderen hinaufzubefördern und wieder hinunterzulassen. Der ca. 33 km lange Kanal hatte eine obere Breite von reichlich 28 m, die Sohlenbreite war 17 m und Tiefe 3 ½ m. An beiden Seiten des Kanals sowie an der Nordseite der Seen war ein Ziehweg eingerichtet, um bei widrigem Winde die Schiffe durch Pferde zu schleppen. Der Kanal wurde in der letzten Zeit alljährlich von ca. 4000 Schiffen passiert; er hat zur Erleichterung des Verkehrs in hohem Maße beigetragen. Das Werk war für die damalige Zeit mit ihren dürftigen Staatseinkünften und ihren mangelhaften technischen Mitteln ein bedeutendes Unternehmen.«

(Aus: »Topographie des Herzogtums Schleswig« von Henning Oldekop. Kiel, 1906, bei Verlag Lipsius & Tischer. Gekürzte Fassung)

Alle Schiffe dieser Welt

Von Sehestedt nach Groß-Königsförde von Rosenkranz nach Landwehr, von Levensau bis Knoop, oder auch in umgekehrter Richtung, oder nur jeweils ein Teil dieser Wege – in jedem Fall sind es, stets am Nord-Ostsee-Kanal entlang, Spazier- und Wanderstrecken der Kategorie «einfach wunderbar«.

Die zumeist hohe Kanalböschung mit ihrem vielfältigen Busch-, Baum-, Gras- und Wildblumenbewuchs zur einen, das blinkende Wasser des Kanals zur anderen Seite. Drüben, am anderen Ufer, Landschaftspanoramabilder: Kuhherden auf sattgrünem Weideland, Kornfelder, kleine Gehölze, Gehöfte. Darüber ein nordisch-hoher Schleswig-Holstein-Himmel: strahlendblau mit hellweißen Wolkentupfern.

Und natürlich die Schiffe! Am Kanalufer zu sitzen und zu schauen, ist wie ein Filmerlebnis mit dem Titel: »Alle Schiffe dieser Welt«. Aber es ist live und fast zum Greifen nahe.

Vorbei kommt alles, was auf den sieben Meeren zu Hause ist: Dänische Fischkutter mit dem typischen Tuckergeräusch ihrer Schiffsdiesel, der mit Containern bis Höhe der Schiffsbrücke beladene Frachter, Tanker von klein bis groß, Spezialschiffe mit überdimensionalem Schwergutladegeschirr, Motoryachten, Roll-on-/Roll-off-Schiffe, Segler unter Motor fahrend, Küstenmotorschiffe, hier nur Kümos genannt, ein Schiff der »grauen Dampfercompagnie«, sprich: eine schwimmende Bundeswehreinheit und – wenn man Glück hat – einer der großen, strahlendweißen Kreuzfahrtliner. Nickelnagelneue Schiffe ziehen vorbei, auch »alte Rostlauben« der Marke »Seelenverkäufer«.

Wer mag, betreibt Flaggenkunde. Dänen, Norweger, Schweden, Finnen, Engländer und Deutsche sowieso sind leicht auszumachen. Nur, wer kennt schon die Staatsflaggen von Liberia, Panama, Zypern, Malta? Oder von Weißrußland, Litauen, Südafrika?

Am Heck der Schiffe ist zumeist nicht nur der Schiffsname, sondern auch der Heimathafen zu lesen. Das hilft weiter. Vorausgesetzt, das geographische Grundwissen reicht aus, um Monrovia eindeutig dem Staate Liberia zuzuordnen. Und so weiter. Kyrillische, arabische oder chinesische Schriftzeichen können ohnehin nur einschlägig spezialgebildete Kanalwanderer deuten.

Das Schiff trägt übrigens die Ntionalflagge des Landes, in dem es registriert ist. Mit dem Eigentümer hat das oft nur bedingt etwas zu tun. So kann das in Monrovia/Liberia registrierte Schiff einer russischen Reederei gehören. Oder einem deutschen Reeder. Von wegen ausgeflaggt, Zweitregister und dergleichen.

Die für den Laien schwer zu durchschauende Welt der Schiffahrt ist wahrlich bunt. Und interessant.

Hier am Nord-Ostsee-Kanal, Streckenabschnitt Dänischer Wohld, kommt sie vorbei. Tag für Tag. Jeden Tag.

Schiffe auf dem Nord-Ostsee-Kanal

TRELSI

HENDRIK-B

Partie am Nord-Ostsee-Kanal

Levensau und »Schweinsgeige«

Ob auf der Landkarte oder in der Natur - die Levensau ist nicht mehr zu finden. Dabei war sie einst Grenzfluß zwischen den Landesteilen Schleswig und Holstein, bildete mithin auch einen Teil der Südgrenze des Dänischen Wohldes.

Sie hatte ihre Quelle auf dem Gelände von Gut Warleberg und mündete nach zehn Kilometern bei Holtenau in die Kieler Förde. Berichtet wird, 1692 sei sie mit 8 bis 10 Fuß Tiefe für kleinere Einheiten noch schiffbar gewesen. Eine Brücke für die Landstraße in den Dänischen Wohld gab es auch.

Durch den Bau des Eiderkanals verschwand die Levensau. Sie ist in diesen Kanal, später in den Nord-Ostsee-Kanal, »aufgegangen«.

Der Name blieb erhalten. Durch eine kleine Kanalsiedlung.

Auch durch die Levensauer Hochbrücke; das ist jene, die aus Kaiser´s Zeiten stammt. Die neue Kanalbrücke, direkt daneben, trägt diesen Namen nicht.

Und dann ist da noch der »Gasthof Levensau« an der Auf- bzw. Abfahrt der Brücke, auf der dänischenwohlder Seite, versteht sich. Seit Generationen ist dieser Gastronomiebetrieb in Volkes Rede allerdings mit dem Namen »Schweinsgeige« belegt.

Die Levensauer Hochbrücke

Knoop - Herrenhaus und Remise

Schimmelmann, der Name hat in der schleswig-holsteinisch-dänischen Geschichte besonderen Klang.

Caroline Schimmelmann, auf Gut Knoop verheiratete Gräfin Baudissin, war es wohl, die ihren Ehemann bewog, anstelle der alten Wasserburg ein neues Herrenhaus zu errichten. Und zwar im - damals - modernen Stil. Durch einen jungen, begabten Architekten, den Dänen Axel Bundsen.

So geschah es. In den Jahren 1792 bis 1800 entstand jenes Herrenhaus, das nach wie vor als das Hauptwerk des Klassizismus in Schleswig-Holstein gilt.

Der zweigeschossige, langgestreckte Bau, verputzt und weiß gestrichen, mit dem hohen Viersäulenportikus zur Hofseite, den Fensterreihen im sachlich-harmonischen Ebenmaß und den vier Dachgauben im flachen Satteldach, ist Architektur vom Feinsten.

Zwei sogenannte Kavalierhäuser, quer zum Herrenhaus stehend, wurden um 1785 errichtet, sind also einige Jahre älter. Es sind ziegelrote Backsteinbauten, mit Walmdach und schönen Sprossenfenstern.

Herrenhaus, Kavalierhäuser, Lindenalleen, Parkflächen, Wassergräben, dazu geistvolle, aufgeschlossene Besitzer, die Baudissins, später die Hirschfelds - hier hatte und hat Kunst und Kultur eine Heimstatt.

Aber Knoop war (und ist) vor allem ein Gut, ein landwirtschaftlicher Betrieb der besonderen Größe. So wird das Knooper Bautenensemble vervollständigt durch mächtige Scheunen, durch Ställe und vielerlei zugehörige Nebengebäude.

Für einige Besucher ist denn auch die Remise, der offene Wagenschuppen, kaum minder interessant als Bundsens wohlgelungenes Werk, das schöne weiße Herrenhaus.

Herrenhaus Knoop - von der gegenüberliegenden Kanalseite gesehen

Kleines Gebäude auf dem Gutshof von Knoop

Wagenunterstand auf Knoop

Gutsalleen und andere

Eine Gutsherrschaft, die auf sich hielt - das taten selbstredend alle - baute ihr Herrenhaus mitsamt zugehörigen landwirtschaftlichen Gebäuden in aller Regel nicht direkt im oder am Dorf (soweit es ein solches überhaupt auf dem weiträumigen Besitz gab). Die dänischenwohlder Güter hielten sich zumeist separat, abseits vom Dorf und auch abseits der allgemein zugänglichen Straßen und Wege. Zur Gutsanlage führte dann eine eigene Stichstraße, links und rechts eingefaßt von Bäumen.

Solche auf die Güter oder auch auf sonstige größere Höfe zulaufenden Alleen blieben vielfach bestehen. Sie sind ein weiteres schönes Charakteristikum dieser Landschaft.

Knoop, Altenhof sowie Augustenhof (zwischen Gettorf und Osdorf) und der Hof Kronshörn (zwischen Neuwittenbek und Tüttendorf) seien dafür beispielhaft genannt.

Aber auch im »freien« Gelände ist noch manche sehenswerte schmale Straßenallee zu bewundern. Wie im welligen Land zwischen Dänischenhagen und Kuhholzberg.

Kastanienallee bei Dänischenhagen

Dänischenhagener Spaziergang

In der Mittagspausenzeit, so gegen 14.00 Uhr, sind die Straßen in Dänischenhagen an manchem Tag fast wie ausgestorben. Wer dann vom Kirchberg herunterschaut, die Hauptstraße entlang, entdeckt einen in sich ruhenden Ort. Irgendwie hat das Atmosphäre.

Es ist die passende Zeit für einen ungestörten Besichtigungsspaziergang.

Mitten auf dem Kreuzungspunkt zweier Straßen, fast genau im Verlauf der Hauptdurchgangsstraße, haben die Dänischenhagener ihre imposante Vorzeigeeiche stehen lassen. Laut Gedenkstein wurde sie 1870/71 gepflanzt, damals, als mal wieder ein deutsches Reich samt Kaiser ausgerufen wurde. Der Straßenverkehr dreht sich ziemlich problemlos um diese Eiche, soweit nicht ohnehin gerade Mittagsruhepause angesagt ist.

Der gastronomische Betrieb gleich gegenüber, mit dem hübschen Balkon über der Eingangstür, heißt natürlich »Zur Eiche«. Das zugehörige, namengebende Wahrzeichen mit seiner mächtigen Krone steht unübersehbar vor der Tür.

In der Hauptstraße hat ein weiteres Lokal sich ebenfalls einen Baumnamen erkoren: »Zur Linde«. Die Namenspatrone, zwei Uralt-Linden, stehen gegenüber auf der anderen Straßenseite. Allerdings sind die Kronen gekappt, vermutlich aus Sicherheitsgründen.

Im alten Ortskern haben einige der kleinen Häuser trotz Renovierungen einen besonders schönen Vorder- oder auch Seitengiebel bewahrt. Mit kleinen kreisrunden, durch kreuzförmige gußeiserne Rahmen geteilte Fensterchen im oberen

Mittagsstunde in Dänischenhagen

Teil des Giebeldreiecks. Und mit wenigen und einfachen, aber ausdrucksvollen Ziersetzungen im Backsteinmauerwerk.

Die Kirche, teils aus behauenen Felsquadern, teils aus Ziegelsteinen errichtet, wird bereits 1318 erwähnt. Kirche und Friedhof werden von einer umlaufenden Natursteinmauer und hohen Baumreihen eingerahmt. Malerisch der Blick von hier auf das Mühlenautal und den (ehemaligen) Mühlenteich.

»In unserem Ort gibt es nichts Interessantes zu sehen«, hat ein Dänischenhagener gesagt. Mit Verlaub: Der Mann irrt.

Verkauft

»Dänischenhagen, vormals Slabenhagen = Slavenhagen, sehr alter Ort; die Kirche wird 1318 zuerst erwähnt. Hier war der berühmte Gudewerdtsche Altar, der, nachdem man schon vorher die wertvolle Bronzetaufe veräußert hatte, im Jahre 1843 für 378 Mk. an das Preetzer Kloster verkauft ward, wo er jetzt steht.«

(Aus: »Schleswig-Holsteinisches Wanderbuch« von Ernst Strohmeyer. Zweite Auflage. Verlag von C. Boysen, Hamburg. 1910)

Schönheit auf dem zweiten Blick: Hausgiebel in Dänischenhagen

Die Gutsobrigkeit

»In den adeligen Gütern vertritt der Gutsbesitzer die Commüne«, wußte Johannes von Schröder 1854 in seiner »Topographie des Herzogthums Schleswig« zu berichten. Also war im Gutsbezirk der adelige Gutsherr zugleich kommunaler Verwaltungs- und Polizeichef. Außerdem besaß er die »Patrimonial-Jurisdiktion«, das heißt, er war auch noch Richter seiner Untertanen. Mit anderen Worten: Die Macht des Gutsherrn war geradezu absolut. Zwar konnten die »Untergehörigen« gegen Urteile ihres Herrn beim Landgericht Berufung einlegen. Das unterblieb aber fast immer. Aus Unkenntnis oder – verständlicherweise – aus Angst vor späteren Repressalien.

Mit Regierungsgenehmigung konnten die »gutsobrigkeitlichen und polizeilichen Geschäfte« eines adeligen Gutsbezirks vollständig oder vertretungsweise für den verhinderten/abwesenden Eigentümer auch einem Verwalter oder einer ähnlichen Person übertragen werden.

Auf Gut Uhlenhorst bei Dänischenhagen ist ein Relikt aus jener Zeit der Gutsobrigkeit erhalten. An einer der großen Gutsscheunen ist eine historische Bekanntmachungstafel angebracht. Der Text lautet:

Dorf Uhlenhorst
Gutsobrigkeit Uhlenhorst
Kreis Eckernförde
Landwehr-Regiment Nr. 84

Dorf Uhlenhorst (Lehmkaten) gehörte zum Gut und unterstand folglich der Gutsobrigkeit.

Beauftragt: Carl August Rodde

»Von dem Gutsbesitzer Rodde auf Alt-Bülk im Kreise Ekkernförde ist dessen Sohn Carl August Rodde mit Genehmigung der Regierung mit der Wahrnehmung der gutsobrigkeitlichen und polizeilichen Geschäfte in den adligen Gütern Alt- und Neu-Bülk beauftragt worden.«

(Aus: »Amtsblatt der Königlichen Regierung zu Schleswig« vom 16. Mai 1870)

Eckhof und der Konkurs

Kammerherr J. P. von Neergaard, am 7. Dezember 1764 auf der dänischen Insel Seeland geboren, »sammelte« Güter. Im Dänischen Wohld mit Alt-Bülk, Neu-Bülk, Warleberg und - im Jahre 1790 - Eckhof allein deren vier. Außerdem Farve, Kronsburg, Quarnbek, Övelgönne und andere.

Diese offensichtliche Güter-Kaufleidenschaft hätte vermutlich keine nachteiligen Folgen gehabt, wäre es nicht zum berühmt-berüchtigten dänischen Staatsbankrott gekommen. Die daraus folgende Entwertung der dänischen Währung machte es von Neergaard unmöglich, seinen bestehenden Zahlungsverpflichtungen nachzukommen. 1828 ging er in Konkurs.

Alles verloren war dennoch nicht. Aus der Konkursmasse erwarb seine Frau, eine geborene Gräfin Baudissin, das Gut Eckhof für die Familie von Neergaard zurück. Mit anhaltendem Erfolg. Nach dem pleitegegangenen Kammerherrn folgten in der Liste der Eigentümer von Eckhof nacheinander Ernst, Lucius, Karl und Theodor von Neergaard (in veränderter Namensschreibweise, nur noch mit einem »a«). 1927 wird im Güterverzeichnis Theodor Brunn von Neergard als Eigentümer genannt. Bis 1972 blieb das Gut im Neergard´schen Besitz. Dann kam es im Erbwege an Graf zu Reventlow auf Wulfshagen. Das Herrenhaus von Gut Eckhof - an der Straße Dänischenhagen-Strande gelegen - hat übrigens kein Neergard, sondern der Vorbesitzer Graf Holck errichten lassen, und zwar im Jahre 1774. Ein Blick darauf lohnt sich allemal. Das schönste Detail: das sandsteinerne Rokokoportal.

Rokokoportal am Herrenhaus Eckhof

Leuchtturm Bülk

Zur sicheren Seefahrt gehören Leuchttürme, diese maritimsten aller Gebäude. Die alten sind die schönsten; ihrer kreisrunden Turmform wegen.

Leuchtturm Bülk, knapp nördlich von Strande auf der Bülker Huk, einer kleinen Landspitze, stehend, hat das gediegene Alter. 1862 - 1865 lautet seine Errichtungszeit. Folglich ist er ein Rundturmbau. Ansehenswert.

Die amtliche Bezeichnung lautet »Leuchtfeuer Bülk - Orientierungsfeuer«. Womit seine Aufgabe verklart ist: Orientierungshilfe leisten. Insbesondere allen Schiffen, die in die Kieler Förde einlaufen wollen.

Damit das Orientierungsfeuer genügend weit über See auszumachen ist, hat der Turm eine Höhe von 25,60 Meter über dem Gelände. Die Feuerhöhe über Mittelhochwasser beträgt sogar 29,50 Meter.

Leuchttürme haben eine Kennung. Jeder eine andere. Für Bülk gilt: Blitz weiß/rot/grün, Wiederkehr 3 Sekunden.

In der Seekarte ist das wie folgt vermerkt: »Blz. w/r/gr. 3 s«.

Die Nenntragweite (landläufig: Reichweite) der weißen, roten und grünen Leuchtfeuer-Blitze ist unterschiedlich. Weiß 14,7 Seemeilen (sm), rot 11,6 sm, grün 10,6 sm. Zur Erinnerung für Nicht-Segler: eine Seemeile entspricht 1,852 Kilometer.

Nur einen Leuchtturmwärter, den gibt es auch hier nicht mehr. Leuchtfeuer Bülk wird ganz unromantisch von der Verkehrszentrale Travemünde ferngesteuert und fernüberwacht.

Die vorstehenden Daten zum Leuchtfeuer Bülk stellte auf Anfrage die Wasser- und Schiffahrtsdirektion Nord in Kiel postwendend zur Verfügung. Autor, Verlag und Leser sagen: Vielen Dank!

Weißer Anstrich

»Der aus gelben Ziegeln erbaute Bülker Leuchtthurm, auf der Landspitze zwischen dem Kieler und dem Eckernförder Meerbusen, hat seit dem 10. September d. J. an Stelle seiner bisherigen natürlichen Farbe einen weißen Anstrich erhalten, wodurch derselbe als Tagesmarke, von der Ostsee aus gesehen, gegen die hinterliegenden Hölzungen deutlicher als bisher hervortritt.

Schleswig, den 26. September 1871

Königliche Regierung, Abtheilung desInnern.«

(Aus: »Amtsblatt der Königlichen Regierung zu Schleswig« vom 30. September 1871)

Schwapp!

Eine Nacht, einen Tag und noch eine Nacht hatte es aus West kräftig gestürmt. Windstärken um 9, in Böen bis 11 meldete der Seewetterbericht. Weststurm – für die Ostseeküste bedeutet das, es bläst ablandig, das Wasser wird rausgedrückt in die offene See. Niedrigwasser ist die Folge. Da fallen Sandbänke frei, die bei Normalwasserstand stets überspült sind. An vielen Abschnitten ist der Strand jetzt breiter als üblich.

Endlich ist es vorbei mit den heftigen Westwinden. Die geradezu sprichwörtliche Ruhe nach dem Sturm tritt ein. Fast Windstille. Auch die aufgewühlte See beruhigt sich langsam wieder.

Und dann, lautlos, ohne Wellengetöse, kommen die herausgedrückten Wassermassen zurück. Wie mit einem anhaltenden mächtigen »Schwapp« sind sie wieder da. Das führt zu erheblichem Hochwasser an der Küste. Ostseehochwasser nach Weststurm. Für die Küstenbewohner zwischen Altenhof und Schilksee eine normale Erscheinung. Für Fremde ein ungewohntes, mit Erstaunen registriertes Erlebnis.

Im Miniformat lassen sich derart hin- und herflutende Wasserbewegungen leicht simulieren: in der Badewanne.

Die Ostsee „schwappt" zurück

Seepromenade

Strande, das ist: anerkanntes Seebad, feiner Sandbadestrand, moderner Yachthafen, 46 Kilometer Wanderwege in der Umgebung, schöne Häuser, gepflegte Gärten, bekannte Gastronomie, kein Durchgangsverkehr, keine Industrie, keine Betonburgen.

Das alles sind Pluspunkte für diesen Badeort ausgangs der Kieler Förde - auf der Sonnenseite gelegen.

Aber gleiche oder ähnliche Attribute können auch andere Ostseeorte für sich in Anspruch nehmen.

Strande bietet deshalb mehr. Eine 5 Kilometer lange Uferpromenade, vom Fischersteg am Hafen bis zur Landspitze Bülker Huk mit dem Leuchtturm. Es ist ein befestigter, absolut ebener, problemlos begehbarer Spazierweg mit dem ununterbrochenen Ausblick auf Kieler Förde, Strander Bucht und auf die freie Ostsee.

Strandes Strandpromenade - ein Logenplatz am Meer.

Blick auf die Ostsee bei Sonnenaufgang

Fischersteg und »Strander Frühstück«

Die kleine Hinweistafel »Fischersteg« ist vermutlich für Besucher aus absolut seefernen Gegenden gedacht. Denn es ist unschwer zu erkennen, wer hier im Strander Hafen festmacht: die Fischer mit ihren Kleinkuttern und Booten. Netze, Netzholer, Fischkisten, Schwimmer, Leinen, Bojen, rote Markierungsflaggen an langen Stangen und andere Ausrüstungsgegenstände veranschaulichen zweifelsfrei, daß an diesem Steg keine Freizeityachten vertäut liegen.

STRA 1, STRA 4, STRA 120 und etwa zehn bis elf weitere Kutter und Boote mit großen deutlichen STRA-Registrier-Nummern am Bug dienen dem Broterwerb mittels Fischerei. Allerdings ist kein einziger hauptberuflicher Vollerwerbsfischer mehr darunter. Die Zeiten sind hier, im anerkannten Seebad Strande, vorbei. Der Fisch ist rar geworden. Und die Preise, die dem Fischer gezahlt werden, sind niedrig. »Davon«, sagt einer, der an Bord seine Netze klariert, »kann man allein nicht leben.« So sind es Nebenerwerbsfischer und Hobbyfischer, die von hier aus noch hinausfahren, in die Strander Bucht oder weiter auf die offene See.

Neben den etwa 360 Freizeit-Segel- und Motoryachten, die während der Saison an den angrenzenden Stegen liegen, ist die kleine Fischerflotte eine bescheidene Minderheit. Aber es reicht gerade noch, um ein wenig das Flair eines Fischereihafens zu erhalten.

Und der berühmte Strander Butt kommt nach wie vor fangfrisch in die Pfannen der nahe liegenden Restaurants. Auch die Fischräucherei Seidentoff, jetziger Inhaber Barwich, räuchert Ost-

seefisch wie seit Jahrzehnten. Folglich ist weiterhin für das »Strander Frühstück« gesorgt: ein gold-gelber Bückling warm aus dem Rauch, dazu ein knackiges trockenes Brötchen und eine zünftige Flasche Bier. Kenner schätzen ein »Strander Frühstück« zu jeder Tages- und Nachtzeit.

Strande – zum adeligen Gutsbezirk Eckhof gehörend

»Strande, 1-2 km w. von Eckhof, an der Strander Bucht, 6 Wohnungen, 62 Einwohner, Areal ca. 34 ha. Post und Kirchspiel Dänischenhagen. Schule in Freidorf. Gastwirtschaft mit Anlegebrücke für kleinere Fördedampfer und Fischereifahrzeuge. 2 vom Besitzer von Eckhof angekaufte Landstellen werden vom Hof aus bewirtschaftet. Eine Kate gehört zum Hof, die anderen Stellen sind nach Ablösung der Reallasten 1876 Eigentum der Inhaber geworden. Strande wird während des Sommers von Kiel aus viel besucht, es soll dort 1905/6 ein größeres Badehotel erbaut werden. Die Ländereien dafür sind vom Besitzer von Eckhof angekauft.«

(Aus: »Topographie des Herzogtums Schleswig« von Henning Oldekop. 1906)

Am Strander „Fischersteg“

Schilksee im Wandel der Zeiten

Schilksee, Teil der Landeshauptstadt Kiel, liegt immer noch ein wenig »draußen vor der Tür«, ist kein Stadtteil wie jeder andere. Im Winterhalbjahr zeigt Schilksee typische Schlafstadteigenschaften: ziemlich leer, ziemlich ruhig. Im Sommer das absolute Gegenteil. Es herrscht putzmunteres, farbenfrohes Leben, es ist voll und dafür gar nicht mehr ruhig. Schilksee ist dann Treffpunkt für Seglerinnen und Segler aus wirklich aller Welt. Alljährlicher Höhepunkt: die »Kieler Woche«, die hier im und am Olympiahafen ihr seglerisches Zuhause hat. Der Olympiahafen, mit allem was dazugehört, wie Unterkünfte, Hotels, Restaurants, Schwimmhalle, Bootshallen, Ladengeschäfte, Trailer- und Parkplätze, ist ein »Nachbleibsel« der Olympiade 1972, deren Segelwettbewerbe vor Schilksee ausgetragen wurden. Damals wurde gebaut, was da heute so steht. Manches sollte nach der Erstplanung eigentlich noch wesentlich schmucker, architektonisch ansprechender werden. Aber dann reichte dafür das Geld nicht.

Nichtsegelnde Kielerinnen und Kieler, die jungen vor allem, bevorzugen den Schilkseer Sandstrand. Der ist bei Sommersonnenwetter stets ziemlich dichtgepackt mit Strandliegern in allersparsamster textiler Restbekleidung. Gebadet, geschwommen wird auch.

Das flirtige-fröhliche Strandleben, gleich dahinter der Segelhafen »randvoll« mit Booten und

Ostseestrand in Schilksee

Yachten, weiße Segelboote auf der blauen Ostsee, vorbeiziehende Großschiffe, weit draußen auf See Leuchtturm Kiel – das sind Bilder. Wer oben auf der Schilkseer Strandpromenade, sprich: auf der Steilküste, steht, hat das gesamte Panorama unter und vor sich.

Dabei war Schilksee vor 150 Jahren noch ein sehr kleines Dorf, gehörte zum Gut Seekamp, bestand aus »6 Halbhufen, 2 Katen, 4 Instenstellen und 1 Parcelenstelle«.

Aber schon im Jahre 1913 waren Besucher willkommen und fanden zum Beispiel im Etablissement des Hotelbesitzers Först Unterkunft. Först war sogar Eigentümer der Schilkseer Anlegebrükke, für deren Benutzung er gemäß Brückentarif Abgaben erheben konnte. Pro Person 10 Pfennig, Kinder unter 10 Jahren die Hälfte. Beamte und Militärpersonen im Dienst waren »befreit«. Auch für Frachtstücke war, je nach Gewicht, zu zahlen. Der Först'sche Brückentarif war amtlich genehmigt und im Amtsblatt der Königlichen Regierung zu Schleswig unter dem 15. Februar 1913 veröffentlicht worden.

Schilksee, ob früher zu Gut Seekamp oder heute zur Stadt Kiel gehörend, befindet sich auf dem Boden des Dänischen Wohldes. Zweifelsfrei. Nicht auszuschließen, daß diese Tatsache manchem feschen Segler, mancher barbusigen Strandschönen noch nie in den Sinn gekommen ist.

Strandleben in Schilksee

Im Olympiahafen Schilksee während der Kieler Woche

Vom Kameradschaftsheim zum Firmensitz

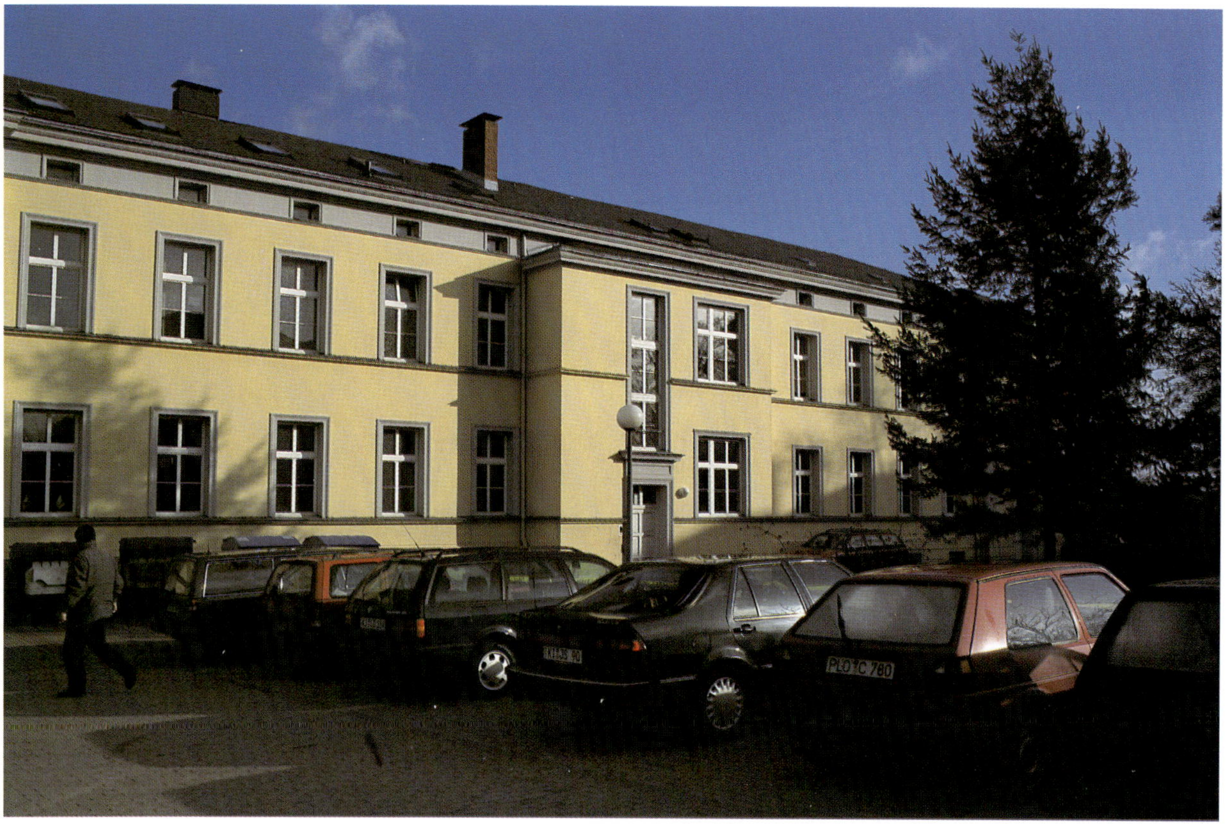

Friedrichsort, knapp nördlich des Nord-Ostsee-Kanals gelegen und noch um 1900 ein eigenständiger Amts- und Gutsbezirk im Kreise Eckernförde, ist inzwischen längst ein Teil der Landeshauptstadt Kiel. Und hat doch - wie alle Kieler Stadtteile auf der dänischenwohlder Seite des Kanals - seinen ganz eigenen Charakter bewahrt.

Dazu gehören auch die typischen Bauten aus der Gründerzeit. Wie das Gebäude Falklandstraße 1-3, dessen Baustil unverkennbar der kaiserlich-wilhelminischen Epoche zuzuordnen ist. Um 1890 ist es als Kameradschaftsheim der kaiserlichen Marine errichtet worden. 1985 wurde der inzwischen ziemlich heruntergekommene Gebäudekomplex modernisiert. Das fast schon klassizistisch anmutende ursprüngliche Äußere des langgestreckten Hauses blieb erhalten.

Die MaK DATA SYSTEM Kiel GmbH, ein europaweit tätiges Unternehmen, hat das repräsentative Haus in schöner Lage direkt an der Förde erworben und hier ihren Firmensitz. Wo vor 100 Jahren Soldaten der kaiserlichen Marine Kameradschaft pflegten, arbeiten jetzt hochqualifizierte EDV-Berater und Systemspezialisten.

Firmensitz der MaK DATA SYSTEM Kiel GmbH

Friedrichsort im Dänischen Wald

»Friedrichsort, kleine Festung (die einzige im Herzogthum Schleßwig im sogenannten dänischen Walde) am Kieler Meerbusen, nicht weit vom Kanale, 1 Meile von Kiel, 6 ½ Meilen von Schleßwig, hat außer 1 Kirche, 1 Kommandantenhaus, 1 Zeughaus, 1 Provianthaus und 4 Baracken für die Garnison, die aus einer Invaliden-Kompanie von 70 Köpfen besteht, 19 Wohnhäuser, und eta 50 bürgerliche Einwohner.*

**) Dieser dänische Wald (in der Südostecke von Schleswig) ist ein Distrikt, der aus lauter adeligen Gütern besteht, und 2 Kirchspiele enthält.«*

(Aus: »Neueste Länder- und Völkerkunde. Vierter Band. Die Königreiche Dänemark, Norwegen und Schweden.« Von Th. Fr. Ehrmann; 1808)

Altenholz wächst weiter

919 Einwohner lebten im Jahre 1939 in Altenholz, am 28. Mai 1997 waren es bereits 9901. Mithin hat sich in 58 Jahren die Einwohnerzahl dieser eigenständigen Stadtrandgemeinde zu Kiel mehr als verzehnfacht. Rekordverdächtig!

Verstädtert ist Altenholz mit seinen Ortsteilen Klausdorf, Stift, Knoop deshalb aber nicht, sondern die liebenswerte »Wohngemeinde im Grünen« geblieben. Es lebt sich gut in Altenholz, befinden die Einwohner.

Das soll auch künftig so bleiben. Weitere Entwicklung und Vergrößerung ist angesagt. Aber mit Augenmaß. Für das Jahr 2010 wird nach Auskunft von Bürgermeister Striebich gemäß Ortsentwicklungsplan eine Einwohnerzahl von etwa 12000 prognostiziert.

Arbeitsplätze wurden geschaffen. In mehreren Gewerbegebieten haben sich kleine und mittlere Unternehmen angesiedelt – der Kategorie umweltverträglich, nicht störend, nicht belastend.

Nicht zu vergessen: Die Datenzentrale Schleswig-Holstein und die Verwaltungsfachhochschule als zentrale Dienstleistungs- und Bildungseinrichtungen des Landes befinden sich in Altenholz.

Typisch Altenholz:
Ruhiges Wohnen im Grünen

Altenholz

»Altenholz einige Kathen und Instenstellen, ½ Meile westlich von Friedrichsort, im Gute Knoop, Eckernförderharde, Kirchspiel Dänischenhagen. Unweit Altenholz liegt das Knooper Schulhaus. Armenhaus. (...)«

Klausdorf

"Clausdorf, Dorf ½ Meile westlich von Friedrichsort, im Gute Knoop, Eckernförderharde, Kirchspiel Dänischenhagen, enthält 12 Voll-, 1 Halbhufen und mehrere Kathen und Instenstellen; 2 nördlich ausgebaute Hufen heißen Postkamp (154 Ton.); 1 Stelle westlich Kubitzberg (...) - Eine Holzvogtswohnung nebst Wirtshaus an der gleichnamigen Hölzung bei der Kaltenhofer Scheide Dänenhöft. - Districtsschule. - Schmiede. - Areal mit Altenholz 947 Tonnen (...)«

Stift

»Stift, ein ehemaliger Meierhof des Gutes Seekamp, Eckernförderharde, Kirchspiel Dänischenhagen, ward aber nach der Parcelirung der Hoffelder des Gutes 1791 der Stammhof worauf der Gutsinspector wohnt. (...) Unweit des Hofes liegen einige Kathen und eine Holzvogtswohnung. Nahe beim Hofe ist ein Gefangenhaus erbaut (...)«

(Aus: »Topographie des Herzogthums Schleswig« von Johannes von Schröder, 2. Aufage; 1854)

Wappen der Gemeinde Altenholz

Informationen

Gettorf und Umgebung
Fremdenverkehrsverein
Gettorf und Umgebung e. V.
Alte Dorfstr. 15, 24214 Tüttendorf
Telefon 04346/35 20
Fax 04346/3520

Holtsee und Umgebung
Fremdenverkehrsverein
Holtsee und Umgebung
Reeteck, 24363 Holtsee
Telefon 04357/12 34
Fax 04346/4650

Noer und Lindhöft
Fremdenverkehrsverein Noer
Alte Dorfstr. 48, 24214 Noer
Telefon 04346/7206

Osdorf
Zimmervermittlung
c/o Landhaus Hammerich
Hauptstr. 3, 24251 Osdorf
Telefon 04346/41 28 22
Fax 04346/4553

Schilksee
c/o Tourist Information Kiel
Sophienblatt 30, 24103 Kiel
Telefon 0431/67 91 00
Fax 0431/675439

Schwedeneck (u. a. mit Surendorf, Dänisch Nienhof, Krusendorf)
Kurverwaltung Ostseebad Schwedeneck
24229 Schwedeneck (OT Surendorf)
Telefon 04308/331
Fax 04308/1260

Sehestedt
Zimmervermittlung Sehestedt
c/o Bürgermeisterin Rita Koop
Arftkamp 45, 24814 Sehestedt
Telefon 04357/457
Fax 04357/9700

Strande
Fremdenverkehr Ostseebad Strande
Strandstr. 12, 24229 Strande
Telefon 04349/290
Fax 04349/290

Register geographischer Begriffe

Personenregister

Km
2
76
203
Hemmelmarker
See
Windebyer
Noor
ECKERNFÖRDE
Aschau
76
Neudorf -
Goos-
see
Altenhof
203
- Bornstein
Hohenlieth
Holtsee
Holtsee
Revensdorf
ensee
Wittensee
Lindau
Sehestedt
Groß-
Königsförde
Schinkel
Nord-Ostsee-Kanal
Rosenkranz
7
NDSBURG
210